臺灣歷史與文化研究輯刊

初　編

第 **20** 冊

臺灣民間信仰、神壇與佛教發展
——臺灣宗教信仰的特質與趨勢（二）

賴 建 成 著

花木蘭文化出版社

國家圖書館出版品預行編目資料

臺灣民間信仰、神壇與佛教發展——臺灣宗教信仰的特質與趨
勢（二）／賴建成 著 — 初版 — 新北市：花木蘭文化出版社，
2013〔民 102〕
目 12+188 面：19×26 公分
（臺灣歷史與文化研究輯刊 初編：第 20 冊）
ISBN：978-986-322-273-6（精裝）
1. 民間信仰　2. 臺灣
733.08　　　　　　　　　　　　　　　　102002952

ISBN-978-986-322-273-6

9 789863 222736

臺灣歷史與文化研究輯刊
初　編　第二十冊　　　　　　ISBN：978-986-322-273-6

臺灣民間信仰、神壇與佛教發展
——臺灣宗教信仰的特質與趨勢（二）

作　者　賴建成
總 編 輯　杜潔祥
出　版　花木蘭文化出版社
發 行 所　花木蘭文化出版社
發 行 人　高小娟
聯絡地址　235 新北市中和區中安街七二號十三樓
　　　　　電話：02-2923-1455／傳真：02-2923-1452
網　址　http://www.huamulan.tw 信箱 sut81518@gmail.com
印　刷　普羅文化出版廣告事業
初　版　2013 年 3 月
定　價　初編　30 冊（精裝）新臺幣 60,000 元

臺灣民間信仰、神壇與佛教發展
——臺灣宗教信仰的特質與趨勢(二)

賴建成　著

第四章　明復法師的行實與教化關懷

提　要

在臺灣的佛教當中，不乏是居士出家的學問僧，由於這些僧人當居士時護持佛教不遺其力，出家後更加瞭解佛教於社會弘化時居士每每能扮演傑出的角色，尤其是佛教知識的傳播，這是講經說法、趕經懺的僧尼所缺乏的。在臺灣的僧尼當中，也出現多位師家下座，以內、外學宏化而顯名於教界者。在大陸僧人來臺，教界面臨異教的攻詰，艱辛地維持著正法，在唸佛與正信佛教初行的階段裡，一些居士往來於高僧大德之間參學，造成了日後佛教山頭與人間佛教的興起。但教界中，也有另類的僧尼，或以辦學，或以書法，或以禪藝術，或以教史，或以論著宏化者，而以道安、印順、明復法師最受人仰重。

明復法師，生於民國 3 年，俗姓唐，名書新，河南開封人。先祖為前清太子太傅，師弱冠從家學，性聰敏好讀書，諸子百家經史之學，莫不淹貫。及長，入上海復旦大學研習教育學、史學。來臺之初在軍旅，退伍後從事骨董、文藝事業，後師隱然有出俗之志，遂於知天命之年，依白聖上人叩求禪法，剃染入道，息機於圓山臨濟護國禪寺。師既少修家學，慧敏強記，圓具後復遍參修教典，涉獵五部，漸冶融會，遂掩通內外，倏然悟脫。與松山寺道安法師，為師友之交，深談佛教大學成立諸問題，計畫因道安法師的圓寂而中輟。之後致力於寫書、授課、演講，並參與教界研討佛教教育及教界事務。四方學子慕名頻來問學，師則有叩即應，無問不答，必使虛來實往，惑卻智顯而後已。凡見有卓立清質之士，師必多方資助之，使得安穩就學。人多說師禪餘之際，究心於禪林高僧行實及禪詩、禪畫之探討，其間多開示心源之作，尤以《石濤禪師行實考》、《歷代高僧書畫集》、《中國僧官制度研究》、

《中國佛學人名辭典》等大著作，以及《白公上人光壽錄》〔註1〕等，最爲世林所器重。師又嘗主編《禪門逸書》皇皇 20 鉅冊，撰禪師文集解題 50 篇。其抉發禪藻，徧探禪心，爲人所不能，以此又飲譽於日、韓叢林，諸國學人莫不推崇之。師於民國 94 年圓寂，遺稿積百萬餘言，無一不是發乎婆心，運乎明度；其文章，一章不作一章使，一句不作一句用，似那劈面行棒，應聲下喝的禪德。因此，知者多稱揚師是禪門大德，也是文藻上的一大禪將。

　　師在教界，特立獨行，其一生著作繁多，舉凡軍事、錢幣、社論、教育、藝術、宗教等議題，多所涉獵，見地超俗。出家之後，曾致力於中國佛教史的教育。民國 70 年左右，師又開始編輯從太平天國以來中國佛教近百年來的大世紀，還有四眾傳記，隨著資料收集的增加，師本想用十大專題來探討近現代的中國佛教史，可惜未畢其功。師是一位很講究傳統章法者，並且也是一位力求革新、講求變化的禪藝術學者。師之禪思想，散見於其著作之中，還有爲諸弟子潤筆的論文，亦可窺其面貌。師重要禪思維作品之一，是辛未（80）年孟冬作於霧峰藍若的「題畫水仙花三十五絕」，現流傳於門生之中。其開頭云：「云何是佛陀，鍼口無言說；堪笑雲門叟，一字著得多。」師還有碑塔詩偈等文章，要欣賞、研究它們，就要到韓國寺院尋尋覓覓去了。師還有詩云：「夜靜浮船歸，坦腹臥月明；高歌天地窄，撫膺不勝情。」這也當是師一生的寫照吧，訴說著懷才不遇、壯志難成的心情。

　　本文，僅就作者 20 多年來親近明復法師所獲致的一些心得，來談論師之創新精神與禪教思維。全文分爲「緒論」、「創新的精神」、「禪話意境」、「佛學文叢」、「禪畫理論」與「結論」等六個單元來論述。當中，緒論方面，由中年危機與轉機問題，進一步點出明復法師卓然而立的精神與其進學的功力。第二節「創新的精神」，除了述說其辦理獅子吼月刊、佛學譯粹、佛教藝術等雜誌的過程之外，說明其心中常掛念著的是想創立一個能集合學者參與的佛教史學會；最後談到他所關懷的佛教界的一些教育層面，諸如中年僧人與青年佛子的養成、成立佛教學院的一些理念。第三單元「禪話意境」，這是

〔註 1〕　《白公上人光壽錄》，由明復法師所編，是研究白聖法師（1904～1989）生平最重要的資料，全書旁徵博引，令人嘆爲觀止。本書記述到白聖法師八十歲（1983），雖有幾年落差，但生平重要事蹟，已盡收羅。除了《白公上人光壽錄》之外，白聖法師往生後明復法師收羅白老生前回憶師友的文章，集成《雲水夢憶》一書，一般在坊間所知者不多，但其價值卻十分珍貴。
　　　　http://tw.myblog.yahoo.com/jw!qMuJHd.AEx_zC._HgsAJrXE-/article?mid=75。

師徒、師友間的對話記錄，還有一些個人的省思與體會問題。第四節「明復法師的佛學文叢」，說明是書編纂的過程、內容提要與補遺。第五節「禪畫理論」，內容包括畫與禪的關係、禪之妙用、以禪釋心。第六節「結論」，述說親近法師所獲得的一些法益與知識，次談明復法師與道安法師一脈相承的精神，表明「禪在行不在言說」，最後師「放下於此」，此生禪已無餘。

一、緒　論

　　喜好中華傳統文化的人，大有人不時受到儒家一些人生哲理的影響，如《論語》「爲政第二」云：「子曰：『吾十有五而志於學，三十而立，四十而不惑，五十而知天命，六十而耳順，七十而從心所欲不踰矩。』」吾友前佛光大學龔教授，早年即有成就，但在行將四十歲之年，他卻「沒由來的躁鬱、惆悵、驚恐、慌張起來」，直想避開某些世俗的課題，在淡淡烏雲籠罩之下，因緣使他不斷接觸、探索那層層的宗教話題。〔註2〕民國73年春，我隨黃運喜同學到松山寺，拜訪佛教大德明復上人，當時師70多的高齡，我則在30該立之年，對於人生，雖有人於66年5月送我《華英對照四書》，上題字讚嘆說：「看你的生活如此，你的力量必如此！」其實我徬徨無助已是多年，深刻體會到古人所說的：「獨學而無友，孤陋而寡聞。」大學時導師朱重聖博士對班上同學們說：「人生有半個知己，就可偷笑了！」如今見人說：「無論如何，朋友是彌足針貴的，35歲前你務必最少交一個知己，會讓自己受益匪淺。」〔註3〕聖嚴法師也曾爲文，說中年的轉機的問題，勸人早早出家。有人以佛爲友，年輕時我則常從大自然或書與蘭草等，去找尋自我，但卻惘然。我人生的轉機，從碰到明復法師開始。

　　龔教授早年聰穎而勤學、遊學問道、窺機從師，其在〈進學〉一文中說：「人生真能用功之時間至爲有限，小時知識未開，受父母師長鞭笞箠楚以就學，怨怒惶苦不已，讀如未讀；中年入世，隨俗流轉，生活迫人，救死不暇，哪有餘閑攻堅？老而欲讀書進修，則桑榆晚景，殊難有所期待。因此鑽研攻苦，俱在年少，其後不過隨時溫習，用免遺忘罷了。」他客氣的說：「我現在這點學問，大抵也就是在大學時期打下的基礎。」「除非是命世雄才，才

〔註2〕《龔鵬程四十自述》「返本」（1996年9月，金楓出版社初版），頁409。
〔註3〕派翠克‧潘著《35歲前要做的33件事》〈33交一個知己〉（2006年1月，臺北易富文化），頁284。

能在吃老本之餘還能有新的進境，否則一個人的學問能做到什麼地步，大約在少年時期便已確定了。」〔註4〕他的說法，讓我玩味、低吟多時，也常在上課時向學子們提舉。

松山寺，現在已成佛光宗的道場，在那裡碰到明復上人，從此我欣然受學，雖默默然，但從此漸不覺得徬徨。多年後我忽然會問起學來了，能把心中的疑情一一吐出，上人仍一本初衷，笑呵呵地作答，對我的說詞他老人家時或默然，很少面帶嚴肅。讀博士班時，一日與友朋阿真談話間我脫口而出：「我的師父明復法師！」對方冷漠的說：「他老人家當你的祖父都有餘！」我沉默很久！上人一生誓言，不收出家徒眾、不上大座講經，我跟在他的身旁親近多年，知道其生成的心境與背景。一回與明復上人逛街，他老人家拿起一本雜誌看了一下就買了下來，後來跟我說：「裡面有某些觀念不錯！」他提及與潘金龍逛街時，覺得有一些不出名的畫作，不貴但很值得買來欣賞，其中帶有抽象畫的意境，可以跟中國的禪畫相比較。後來我買一本《曹植傳》，讀取到一句「高樹多悲風」，我心真的能怡然自得！

一回，到霧峰參問次，明公看我孤僻久矣，因見我「只師法書中的古今豪傑」，或好引古人話語，乃說：「人生有二部曲，入讀古人書，出與名士遊。」多年後，一日明公見我來訪，閒談時乃說：「人生三部曲，入讀古人書，出與名士遊，出交天下士。」我想師如在世，你跟他說你的見識，他會把你一念無明法住心，更加增上，如其在客廳牆上高掛的「向上一路」。師的「向上一指」，大有妙用在，他誇獎你說你將來的行履當如何如何，你如欣然接受，往後大有要事要承擔，落其禪心的殼中矣，你的猿心若是不住則如古德說的：「千山萬壑去尋覓。」黃蘗希運對百丈懷海云：「今日因和尚舉，得見馬祖大機之用，然且不識馬祖，若嗣馬祖已後喪我兒孫。」學問真的無止境啊，「見與師齊，減師半德；見過於師，方堪傳授。」〔註5〕與師對話，不及與齊之，其皆能容受，如言詞過之或有獨特處，師時加讚許，時不語面帶嚴肅貌。

古人學道法，「師以證量傳，弟以道量授。」禪者重視師資傳授，或說：「盜法之人，終不成才。」〔註6〕禪者對其骨孫，「其鍛鍊鉗鎚，可謂妙密。」

〔註4〕　龔鵬程，前引書，頁66。

〔註5〕　釋普濟《五燈會元》卷第三〈洪州百丈山懷海禪師〉（65年1月，德昌出版社），頁56。

〔註6〕　參見釋惠洪《禪林僧寶傳》卷第一〈撫州曹山本寂禪師傳〉云：「价曰：『三更當來授汝曲折。』時矮師叔者知之，蒲伏繩床下，价不知也。中夜授章，

〔註7〕這實非一般看話禪或僅論話說禪者，可得知之底韻矣！一回到霧峰護國寺參學次，隔日中午臨別要前往太平蓮華山淨土專宗佛學院，爲二佛子教導中國佛教史去。〔註8〕明復法師很呵護我，笑呵呵地幫我叫計程車，並對運匠說：「這是我的弟弟，他要到太平！」車子走了，運匠回頭問我：「你幾歲？」我答說：「30 多！」又問：「那師父幾歲？」曰：「70 左右！」他大起疑情，我乃說其原委，他終於明白了！

　　初見明復法師時，他老人家稱我爲賴同學，熟了後稱建成，在他的道友面前曾稱我爲老朋友，只有這一次在陌生人面前稱呼我爲弟弟，但我始終喊他老人家爲師父！他時常對我說：「你始終沒變！」說的是髮型同款式，另外如小學生背著包包，還不時穿著他老人送的唐裝，還有一顆他看起來是仍長不大、含著赤誠的直心。

　　從民國 73 年到 94 年，整整 20 個年頭，我從而立之年到知命之時，都因明復法師之故，一路成長。同學張憲生君在其詩作「酣貓」中云：「茁起的芽，正有人小心調理；眾人不識，唯我千古獨吟。洗去一身塵濁，傲立孤山嶺絕，放懷千秋萬世，笑取日月山河。」〔註9〕看慧遠禪師所說桑榆之光與朝陽之暉，〔註10〕念及明復法師，其晚年一見到我，常說的是：「用此餘生，多照料幾個年青學子！」我忽然有醒，「高樹雖然多悲風，卻可讓茁芽好昂揚。」初時明復法師同那弘一大師，課著那灰頭冷臉的學子，詞色眞的會是甚苦訝。後來他碰到一群群學子來問學，我想在此教學相長的環境下，其禪心不死，又活

先雲巖所付寶鏡三昧、五位顯訣、三種滲漏畢，再拜趨出。矮師叔引頸呼曰：『洞山禪入我手矣！』价大驚曰：『道法倒屓無及矣！』後皆如所言。」

〔註7〕釋惠洪《禪林僧寶傳》卷第六「贊曰」，民國 62 年 6 月臺北新文豐初版。
〔註8〕本課程原是明復法師當任教席，因是煮雲法師的道場，我向明公請求讓我去體會體會！上課前一天午時左右我先到寺院，請益上課內容。當時學子之一是惠學法師，多年後相逢在海明寺，她已當教務工作，我又重被聘來教導中國佛教史。兩人交談甚歡，談及往日在蓮華山的求學，她半開玩笑的說：「聽你講課，很是刺激，但大抵聽不大懂！」一聽此言，眞的笑卻我也！有關當時佛學院的師資，上其網頁就可以窺知。後來聽法海法師說，惠學到印度讀書，還俗了，大是可惜！
〔註9〕陳文元等《禪思維與管理藝術》第二集（民國 88 年 11 月，前程企管）「禪思維──情感與眞實」篇，頁 21～22。另見《張老師文存》、《醉月文選》。
〔註10〕《世說新語》「規箴第十」云：「遠公在廬山中，雖老講學不輟，弟子或有墮者。遠公曰：『桑榆之光，理無遠照，但願朝陽之暉，與時並明耳！』執經登坐，諷誦朗暢，詞色甚苦，高足之徒，肅然增敬。」

了過來！〔註11〕《禪思維與管理藝術》第二集「獨坐」詩云：「上堂已了各西東，恁憑闍梨敲又鐘；年來還是塵撲面，怎似獨坐樂其中。」師弟師資傳授，依佛法是講究「因緣時節」，勉強不得。《禪林僧寶傳》卷六「贊」曰：「莊子曰：『北溟有魚，其名曰鯤，化而爲鵬，九萬里風斯在下。然聽其自化也，使之化，則非能鵬也。膺安似之，其絕也，理之固然。』」本文，就以我所知、所體會的明復法師，來談論一些他的創新精神以及其禪話意境，以告慰他老人家多年來的教誨、化導之恩。

二、創新的精神

　　現代人好談創新與創發，文化創意產業一一出籠來了，臺北、上海辦起了雙城文博會，熱鬧非凡。談到發明與創新，中國古人重視本然，僅說發現與體會、覺醒得來，或說「我述而不作」，行文多引某某云，再加以論說。教界中人，看明復法師，或許有某些行爲很奇特、有某些行徑是很躁進的，但跟在他老人家身旁久了，你會發覺到他其實很尊重傳統，很尊師重道，很會欣賞人的特質與專長，他的眼光見解很是獨特。這些或許跟他的人生歷練中學過藝術，以及甚關心宗教、教育與佛教史學，有極大的關連，還有與他的修持慧力之顯發以及慈悲心有關。

　　明復法師很鼓勵我，多看比較心理學與比教宗教學的書籍，其心靈狀態與處境，我們套用龔教授在〈樹異〉文中所說的來觀察，其云：「因爲在激進處，我與他們一樣激進；在復古處，我又深入於最遠最古最陳舊的地方，所以我洞燭並擁有一切新潮流者和守舊者的姿態、語言、心靈樣態，反而可以成爲最能與他們溝通且獲得了解的人。即或他們未能眞將我看作是他們同一國的人，彼此也不盡爲一種決絕斷裂的關係。」〔註12〕而明復法師早年多方參學，學淨土、學華嚴、學密法，也因跟過很多當代大師有所因緣，深受契重，後「法門改轉」到禪的方面去了，爲那些師家門下所不諒解。〔註13〕有人說：「成功者創造我的

〔註11〕　王播「題惠照寺」云：「上堂已了各西東，慚愧闍梨飯後鐘；三十年來塵撲面，如今始得碧紗籠。」（洪邁《唐人萬首絕句選》卷四，民國58年文光出版社，頁96）
〔註12〕　《龔鵬程四十自述》，頁169。
〔註13〕　一回我叫一部計程車出門，那位司機說：「先生，我看你很面熟！」我說：「我正想說此話！」我們結緣於海明寺，他有事在寺中幫忙，常開車到新莊載我上下課，是悟明長老交待要尊重、禮敬老師的緣故。他說：「我其實不信廟中

人生，失敗者則說我是人生。」龔教授與明復法師同那俗聖的兩端，都有著極高的成就，深具創意與創發力。龔授教有多面向的精神，很敢大膽的批判，也努力地舒捲自我的情懷，自負甚高的他居然碰到了對於異端精神的多面發展，其云：「這樣的人生，豈不甚為孤涼？哦，也不盡然。和所有人都不一樣，我行我素，我用我法。」所謂的「中年危機」，還好他懂得下車、轉車，別開了生面。〔註14〕但古人卻說：「志趣不同，去取各異。」

　　佛教中人卻不同凡俗，有其宗教旨歸，只慮緣在何方，還有門庭傳燈、逗緣濟生之事。如年輕的法雲法師，下了思念的列車，走向簡易的大路行了，求個歷歷孤明。〔註15〕明復法師也是從臺灣佛教僧團中，轉個心念，過自己行化的生活，其不同日僧天倫和尚暫時下車後過著 25 年的俗世生活。〔註16〕有創新的精神，也要有活水泉源。一個人要過著創意而別開生面的生活，「大量的學習，大量的累積自己的基礎知識，創意才能實現，才有能量，才有價值，而且被需要。」〔註17〕這方面，明復法師曾「盡藏在澗底」，游魚難識，吾人親近時日既久，方見其如古德所說的「開心果子」「一一合盤托出」，真的讓我們大開眼界。真華法師說道安法師可愛，在我眼裡師同樣大有可愛處。最近跟至廷家人到東湖看太子爺辦事，至廷說：「太子爺，可愛！」太子爺答：「是威嚴不是可愛！」太子爺說話的模樣是可愛的，辦起事來很威嚴。拿太子爺跟師相比，雖然顯得不倫不類，但如果我把故事說給師聽，他老人家會覺得有趣。說實在，師威嚴中不失天真及可愛處。

（一）辦理雜誌

　　俗話說：「要讓一個人傾家蕩產，最好的方式是找他辦報紙、辦刊物。」但辦報社、辦刊物的人，所思量的不同凡響，能覺民智、去茅塞、開新思潮、

　　講的那一套當義工消障事！」我不答腔，話題轉到明復法師，他說：「我在淨空法師處，他說你師父……」我聽聽而已。初見心道法師，一聽我說明復法師，他答腔說：「那個學藝術的明復法師，我知道！」

〔註14〕前引書「返本」，頁 409。其又云：「從境界而非學科領域上去開拓我新的生命。另一種方式，則可能就是從儒家以外的領域，去尋找或開發資源，看看能否帶來新的契機。深入佛教道教，正符合此一方向與要求。」（前引書，頁 412。）

〔註15〕《僧伽》第 8 卷第 1 期，頁 63。

〔註16〕徐明達等譯《禪僧與癌共生》（86 年 3 月，東大圖書）「中途下車」，頁 50～51。另見賴建成〈禪思維──告別老友的新生活〉（89 年 3 月，前程企管《禪思維與管理藝術》第三集），頁 1～18。

〔註17〕派翠克‧潘等著《35 歲前要做的 33 件事》（2006 年 1 月，臺北易富文化），頁 171～172。

福國利民，是智仁勇者的行為。佛教印經書，最是普及，說：「續佛教的命脈，其功德不可思議。」但不講究版本、裝訂與校對，不講究精美，不然可讓大專院校的圖書館辦收藏，達到宣傳效果。〔註18〕教內的佛教報紙、刊物，已讓人感到目不暇給，〔註19〕但其缺點不少，如新聞為文章所掩蓋，且許多新聞多成舊聞，因為佛學月刊一月一次之故，乃有覺世旬刊出世。但不久即告停刊，除了人不夠、經費不足之外，或說：「佛教以度生為旨。辦佛教刊物，固亦應以服務人群為目的，但有時實難於應付。例如：『若干期來，14、23兩版中間之廣告欄內，皆是同門來稿，一文不名，有時還嫌地位甚小，不夠醒目。弟之琉璃經房佛書廣告，皆因而擱置。今日辦佛教刊物，而能捨己從人如覺世者，敢云，鮮矣！倘來稿不刊，恐得罪人，或竟因之而遭遇破壞。故左右皆覺為難，一氣之下，乃有停刊之意。』」〔註20〕佛教刊物難為，南亭法師說：「中央、新生，各大報紙皆發大財。我數十百萬之佛教徒不能維持此一區區之刊物，而聽之停息。寧非恥辱。」〔註21〕佛教刊物，大抵無多少訂戶，以助印或贈送為原則，文章以舊東西為多，新的也是唸佛或學佛感言、還有教界活動報導，論文哪裡去要，登上了論文也會被說是佛學不如菩薩感應故事來得能啟發人，論文不及那感動人的唸佛往生故事。

1、獅子吼月刊

關於該雜誌，圓香居士在〈道安法師簡略年譜〉「民國29年庚辰條」說：「元月，創辦《獅子吼》月刊社，發行月刊，弘揚佛法，為抗日聖戰宣傳，鼓勵寺院生產，節約糧食，支援抗戰，報效國家。」〔註22〕「民國51年壬寅條」上云：「4月，獅子吼月刊復刊，發行遍及海內外，並創立獅子吼文庫，發行各種論著。」〔註23〕道公於民國66年元月捨報，之前其曾對友朋說：「我一旦倒下後，可能《獅子吼》會受影響，故只擔心《獅子吼》，其他都沒有什麼掛意。」〔註24〕道安法師在復刊號上，大聲疾呼教界對青年學子的佛法教

〔註18〕釋南亭〈告印經書〉，《南亭和尚全集》，頁360～361。

〔註19〕釋南亭，前引文，《南亭和尚全集》，頁360。

〔註20〕釋南亭〈我對覺世旬刊停續之意見〉，《南亭和尚全集》，頁362。

〔註21〕釋南亭，前引文，《南亭和尚全集》，頁362。

〔註22〕《道安長老紀念集》（67年1月，臺北松山寺），頁25。《道安法師七十歲紀念論文集》（65年11月，《獅子吼》月刊社）頁22所云是民國30年。臺灣《獅子吼》雜誌封面，皆印著29年1月15日創刊。

〔註23〕前引書，頁35。

〔註24〕《道安長老紀念集》，頁140～141。

育，他說：「要想你弘法他們能接受，首先便要『把你化成他』」，要你和他的面貌一樣。這樣，我們便可以瞭解四攝法中『同事』一門的深義，和觀世音菩薩普門品的個中了。」〔註25〕大悲心的發起，明復法師說此是不離「依他起性」的，無人我與空智雙運。

　　曉雲法師在〈記念道安老法師〉文中說：「可知，一位發具足心的大德，為佛教為眾生而盡行壽、獻生命，這是事實。古往的大師大德，我們沒有看到，可是道安法師病在垂危中，而不忘為佛教前途，設想，這是為我們這一代的深深警策！的確是今天佛教一個大問題。能獻身佛教固然難得，但真正能為佛教保存優良傳統，而創造佛教事業，更需要學養內涵和具有菩薩海量的心境，才能做到。」道公在病床上，還口口聲聲掛著：「我們要為光復大陸重建大陸佛教早作打算。」還約明復法師說：「改一天，我稍微輕鬆一點，歡迎你來，我們詳細談談。」〔註26〕當時有人說：「若是道老有什麼山長水短，中國佛教目前這種遲緩的進步，至少要停滯十年八年。十年八年之間，不知道會有什麼併發症，十年八年之後也不知道會有什麼後遺症發生。」（〈明復法師紀念道安法師文〉）〔註27〕這讓我想到智者大師的事，夢中梵僧告之說：「機緣如薪，照用如火，傍住如三種備矣，化道即行。機用將盡，傍住亦息。」陳文元居士在〈身心地圖與管藝術〉談到古德流方話道公時說：「民國73年12月1日，明復法師接任獅刊社長，賴建成與黃運喜任編輯委員，重整獅刊，使其具有國際化的水準。為期8月，因圓香居士的不滿情緒，導致上人遷住霧峰護國寺，刊物由演培法師與關世謙居士主持。聖成師說：『回憶往事，總有一些覺受的！獅刊在明復上人的整編下，本可獲得新聞局頒發的獎項，但靈根師不好虛名而拒絕申請。明復上人表示，就當作鼓勵年輕學子，給他們精神上的一點慰藉。靈根師還是不肯，可見其與道公的心行有別。』」〔註28〕讀者如看第24卷第1期的《獅子吼》封面藝術、編輯群、社論以及學術論文、高僧大德論教義的作品、禪詩還有各國的名作等文章，這些都跟以往雜誌的形式與風格，大為不同，當然還保存著道安法師的遺著《中共迫害宗教》中英翻譯文章的連載。總編輯還掛著「圓香」之名，藝術顧問是董夢梅、姜一涵、陳清香與歐陽鋙，而我主要是負責明復法

〔註25〕《獅子吼》月刊，頁3。另見陳文元〈思維古今禪德的流芳〉「話道公」，《禪思維與禪境的意趣》第二集上篇，頁51～61。
〔註26〕《道安長老紀念集》，頁111～112。
〔註27〕前引書，頁116。
〔註28〕《禪思維與管理藝術》，頁58。

師交待的英、日譯文事務。明復法師說，天龍一炷香還有一些紀念文刊出已經過久了！佛教信仰，除了「觀音靈感」之外，總還要有一些更深層文化與更高層且寬宏的論述，才能引領教界。的確擁有雜誌的主導權，就擁有一些資源，這其實就看主事者的心行了。明復法師在其主編獅刊〈社論——期待商討的構想〉文中說：「《獅子吼》月刊自從民國 29 年 1 月 15 日在彌漫著抗日戰爭的烟火的桂林市誕生以來，經歷了許多次驚天動地的慘烈變故，遭受過許多次極其慘痛的折磨，但却無碍其成長苴壯，尤未能阻難他對艱苦奮進的國家與胞澤作有價值的奉獻，爲廣大讀者作有意義的服務，並獲得他們的敬重與愛護。這都是本刊創辦人道安長老和歷屆工作人員的菩薩行願的感召所致，本刊同仁一直奉爲龜鑑，念念不忘。現在，讀者對本刊的雲情高誼，固然有增無減，惟因受到世事變異的影響，對佛法的體認，已與往昔顯然不同，連帶著，對本刊的企求，也不復近似當年，譬如——」接著又說：「由於佛教流佈世界化的趨勢日益加速，十方大眾業已或多或少的親嘗到佛法一味無別的密義。往昔的門戶宗派國俗傳統等種種差異，種種絆羈，俱已成爲明日黃花。唯我國那種傳統的融貫涵攝的治學精神，表現出與時俱新的殊勝意義。我們應如何予以發揚光大，對內清除殘餘的壁壘，對外翦夷陳舊的歧異，在新時代中再創唐宋時期對教義研究的燦爛成績。由於佛教度濟社會化的趨勢逐步接近，使得舊日世出世間、大乘小乘的爭執糾纏，一時頓成過眼雲烟，使與之有關的爭辯，都成爲無意義的觀念遊戲。而對於古代的『無盡藏』、『普同院』、『十方叢林』等施設的深沉的精神却有了新的辨認。這樣，將如何繼續古德們那種予大乘菩薩行以社會化、制度化的努力，而擴大其範疇，賡續其效用，以期澤及永世，蔭普萬方。由於佛教化導普及的趨勢愈見顯明，非止社會各階層的意識與情操期待佛法去融和昇華，乃至人類文化的各部門也都企望著佛法的灌沃拂煦。這說明「當下即是」的密意。然而，如何從不同的角度，用不同的方式，於社會文化中普遍的，隨時的，發揮佛法的妙用，顯示佛法的莊嚴，以拓展現實的社會生活呢。若是冷靜的審量這些問題，會發覺它們都具有一種劃時代的效能，實在不易遽行解答。本刊爲著順應讀者的企求，貫徹我們服務的本懷，設計了一套覓求這些問題的答案的方法，嘗試著去作適宜適切的解答。我們想：『一、深入探求我國傳統佛學的奧義，拂棄門戶派別的成見，汰除附會污染等邪說，以超然的態度，精審的思辨，抉擇其純正的、殊勝的密旨而弘揚之。二、廣泛報導國際佛學研究動態與其成果，並與各地研究結構建立周密持久的連繫，以推動國際佛學交流與

合作。三、盡量爲國內外各種社會慈善福祉事業作傳播、研究、支援等項之服務，而適宜的引用佛教究竟法以促進其意義，增加效能。四、主動參與文化界各種有益社會人生的文教活動，並本照佛法的正知見，導之共同淨化人心，滌濾習俗，以創造高潔莊嚴的社會生活。』我們相信，在現代社會中，純正健全的宗教刊物，應能圓活的達成這項任務，就本刊來講，也極欲勉乎其難，故而敢於嘗試著用這一套辦法來謀求問的解決。其實所謂辦法，不過是一種期待商討的構想。一種呼籲廣大讀者一志同心，積極參與，以促其順利施行的構想。其功能雖只是導向問題的解答，然而獲得大眾參與的時候，就可以解答問題了。我們熱忱的期待各方共襄善舉，一同參加商討，用睿智與實踐來做商討，我們若能從實際經驗中得到完美的體認時，那不就是所覓求的答案嗎。」〔註29〕

民國 84 年 8 月 15 日，《獅子吼》發出停刊啓事，全文如下：「本刊多年，感謝海內外諸位法師居士們的愛護和支持，在平穩中度過 24 個年頭。非常不幸，近來發現《獅子吼》內臟生長毒瘤，即使華陀在世亦不能醫治。經過長時間考慮，只有忍痛宣告停刊。靈根以最沉痛的心情，在此向海內外作者讀者們，致萬分的歉意，并乞原諒！再見！《獅子吼》發行人釋靈根謹啓」〔註30〕

我與黃運喜、潘金龍、吳枝開等多人，受明復上人的點撥，於民國 73 年（佛曆 2528）8 月 15 日皈依靈根法師，後常在松山寺留連受學，並協辦獅刊，聽聞不少佛教界逸聞奇事。後來幾經思量，獅刊由關世謙居士擔任主編，他曾經來信向我約稿、催稿，有多封書信往來。〔註30〕獅刊復刊多年後，我仍在寶積資訊公司工作，一回要寄一篇張憲生的有關唐朝佛教的文章給獅刊，得到的回復讓我驚訝！民國 83 年 6 月，因獅刊又在內外問題交雜下再度停刊了，9 月 2 日靈根師的回函中寫著：「建成居士，《獅子吼》雜誌已於 83 年 6 月正式宣告停刊，也不想再復刊。」除了沉痛之外，回想起來，「獅刊造就了我論文的寫作，也使明復上人的能力，受到印順長老的肯定，並獲得教界甚多人士的贊許。」〔註32〕

〔註29〕《獅子吼》月刊第 24 卷第 1 期，民國 75 年 1 月 15 日。
〔註30〕《獅子吼》月刊第 24 卷第 8 期封底內頁。
〔註30〕賴建成〈與明復上人編雜誌感言〉，《禪思維與禪意境的意趣》，頁 24。
〔註32〕《禪思維與管理藝術》，頁 58。明復上人說其早期編過掃蕩報，也曾寫過軍事文章，編過錢幣、《心經禪解》、《佛教人名辭典》等書籍。聽說印順法師對演培法師說過，明復法師蠻有些能力才華的，等獅刊整篇多期，眾人首肯贊揚不已，印老也很高興。靈根師在明復法師要離開松山寺時說：「這 8 月來的刊物，我已請人裝訂成冊，你看看，這些就當作紀念！」當時我隨

2、佛學譯粹

臺灣早期教界人士，不論僧俗都常借用日人研究的成果，如東初法師、楊白衣居士，還有張曼濤君一系列的大乘文化叢書，還有旅港學人的一些英文譯作。這些在早期《獅子吼》、《海潮音》等刊物上得見一斑。因辦獅刊的一些心得與成就，我看明復法師很亟迫地又在構思著《佛學譯粹》、《佛教藝術》等刊物的籌畫事務，我心中不免有些擔憂，但念及其與道公一樣，「悲心是如何的真切」，就跟著做下去了。

道公與明復法師，是師友關係，他們的精神，他們的行願，有雷同之處，君看明復法師與潘檔往來信札，亦可以得知。法振法師在〈遙寄常寂光中的安公和尚〉引道公所說的話：「眼前的構想，比起成佛的事業，不過是滄海之一粟，為什麼要怕說，說話畏首畏尾，都是心志怯弱、慈悲願力不真切所致。學佛，要有大丈夫氣慨，要有擔當，祇要願力真切了，自然會向宏願處發展，宏闊的願力，決不是急切近利可以速成的，今生辦不到的，來生一定可以辦到，來生辦不到的，終久必可以辦到。事業的成就賴因緣，儘管不能速成，但信譽決不可或忘。」〔註33〕

法振法師一聽道公的訓示，多病的他「精神也不自覺振作起來。」而明復老不同道公，他說話不多，如我說「真的做不來」或覺得「僅能扮演某種角色」時，他總是笑呵呵地對我說：「慢慢來，不用急！」明復法師不僅重視戒德，〔註34〕也強調佛教文化的傳布與交流，使作文化之增上。明復法師在《佛學譯粹》〈發刊詞〉文中說：「佛學在中國遭受熾烈的災難38年後的今天，我們來創辦這份雜誌，才是因為不忍坐視這門已在我國弘傳了兩千餘年的學問，倏忽間就此滅絕，而發願為他的重振與光大盡一份綿薄的微力。同時也

侍在側。松山寺長年舉辦大專佛教論文的講助學金，我曾寫過一篇文章，得獎助學金一萬元，我想這是兩位師父在鼓勵我的，但我是刊物的編輯委員，還審察文章，所以從此以後我再也不參與申請，把機會留給其他需要講助的佛子。

〔註33〕《道安長老紀念集》，頁25～26。

〔註34〕諸人在松山寺參學時，師都會講一些守戒與破戒的故事，因為不守戒諸善功德不得昇起。靈跟法師有時會拿一些藏書來送給我們，師常指點我們，跟靈根法師學德性。有一回，我在大殿前的小屋裡看到一些舊的雜誌與書籍，這些書刊是流通用的，需要的人可以拿去使用。當時我看到數本印光法師的文存，雖然破舊但是珍貴的，黃運喜兄看到我有這幾本書，以為我向圖書館拿的，明復法師一見我就說：「不告而拿，謂之盜！」我心胸坦然，不在意這些，我僅在意師之教誨。

因鑑於我們陷入災難這些年中，佛學轉在世界各地欣然興起，普受世人尊重，普爲世人樂意研究，已成爲當世顯學。而我國佛學的重振與發展，已成爲新崛起的世界佛學中不可分割、不可輕忽的一部份。故而今日光大我國傳統佛學的當前急務，莫過於啓迪學人世界性的認識與擔當，完成其世界性的轉化與知能。也即是完成中國佛學的世界化。三百年前歐洲人侵入印度之際，漸爲博大精深的佛學所折服，而開始了佛學的研究。他們遠挑文藝復興期間人文主義思想的原則，近承實證主義思想的陶染，視佛學無異於一般知識，而置之人文科學體系中研究之。置之於現實社會生活中研究之。置之自然科學的領域中，以試驗、觀察、分析統計的方法研究之。他們以一種類似宗教信仰熱忱，不避艱險，深入亞洲腹地的荒涼廢中，探查堙埋已久的古遺蹟，援引社會學、人類學、心理學等方面的知識與方法而鑽研之。他們企圖發揮其拓殖荒的氣慨，超越當世現存的種佛學學說而直擊其啓始源頭，其窺其本來面目。積三百年之努力，已獲得爲豐富的成果，其間雖然不無與各地域；各宗派的傳統說法相牴觸的地方，然其平實穩貼的風格，明確肯切的實證，在科學思潮披靡一世的背景前，極爲人們所樂於信重。我國楊仁山長者，於清末同光之際宦遊西歐，已感受這種殊異學風排沮之，因而與一位日本遊學僧南條文雄共同發願弘揚釋迦正法於世界。回國後，他創辦了三個新性質的弘法機構：金陵刻經處、祇洹精舍、佛學研究會。就這樣，他突破了中國佛教徒自錮之幕，將背負著兩千年舊學風、舊規制的中國佛學，推送到世界佛的洪流之中。這雖是一種改變歷史的偉大事業，卻不是所謂『革命性』的工作。因爲從不污衊舊時的風氣與信仰，反而教人正視其的意義與價值。他非常樂觀，認爲由於中國佛學的奮發，必可使新興的世界佛學更趨輝煌。因爲中國佛學本是融會唐宋及其以前的世界佛學知識的一門學問。沒有理由因其所涵蘊的時代；地域性與夫個人主觀的偏訛的揚棄其全部義理，忽視其全部價值。關於這一點，二次大後，即使是最頑冥的人，也充分認知當代世界佛學若是希求更進一層的，勢必有賴對中國佛學的深刻正確的體認。因而這種重估中國佛學價的時潮，課於中國佛學者以新的歷史使命，即致力鑽研當代世界佛學，以爲重新體認本國傳統佛學之資，而完成引導世界佛學融員匯通之任。這也正是我們這份雜誌願爲國內佛學學人效勞之處，協助諸位學人完成這一歷史使命，是我們唯一的宗旨。我們願意竭盡心力，廣泛的、深入的、迅速的搜羅當前各國學者的佛學著作，擇精摘要，爲讀者譯出，以充研究資料。

同時也將詳盡的報導各地佛學者治學方法與其生活情況，幫助讀者對其思想、見地的養成的能更親切的瞭解。而且也將普遍報導各地佛學研究團體活動情形，與管理、設備、工作等一段情形。另一方面也將周詳的採集各地對當代佛學研究的評鑑與建議，以為我們治學的參考。我們雜誌於適當時機，將發行一種『國際版』，介紹國內佛學研究成果給世界。我們並以本刊園地，提供讀者作為與全世界佛學研究者論學會友的場所，從這裡展開世界佛學莊嚴光熾的清淨景象。不過，我們應該申明一件極為重要的事，本刊所介紹的許多大著宏論，就研究工作講，其價值與意義，充其量也不過是攻玉之石而已。在未經一己審思明辨，大眾長時日的觀察實證之絕不可然以之與祖訓師說並列同論，也不可輕率的斷為邪說戲論。試想佛說的種種法門，我們學人尚須依之親修實證，方能獲益。何況出乎凡外的論著，金混雜，豈可輕信。我們今日面對龐雜歧異的資料，進行繁冗精細的研究，且將以其成果，普利人天，更應該養成一種恢宏廣闊的器量，冷靜謹慎的態與精確的批判是擇的能力，以從事膽大眼明、氣和心平的研究往日那種熱中闖放、肆行詆毀、誇大虛張、浮燥淺薄、意氣、動肝火的舊習氣，必須揚棄，否則雖然研究本刊的文章，也無益一己的研究工作。」〔註35〕

　　除了說明辦理譯粹的宗旨之外，其在〈編者敬白〉文中說：「這一期編輯的主眼，是介紹當代國際間佛學者與國內傳統佛學者共同論題的不同見解，以及與佛學直接有關的世間學說。我們一共採用了二十四篇論著，分為五個單元。（中略）總之，這一期我們藉著中外共同論題的研究為中心，介紹一些不同的見解，一則使讀者親切的認識當代佛學神貌，一則協助讀者能省察一己的研究工作。古德云：『讀萬卷書，交天下士。』其目的即在此。」〔註36〕關於《佛學譯粹》，一開始總共準備了兩期稿件，因經費等的關係，僅出一期就停下來了。〔註37〕

　　比較道公，法源法師說他老人家「席不暇暖地到處講經說法，傳戒辦學，

〔註35〕《佛學譯粹》第一卷第一期，民國 75 年 5 月 16 日。
〔註36〕前引書，頁 274～275。
〔註37〕本刊物由余崇生教授掛主編，我是執行編輯，他曾約我喝咖啡長談，主題是談論明復老的狀況、經費問題以及辦此雜誌的可能性。這真的讓我覺得，檀信護持的重要性了！此刊物雖然讓佛教學人叫好，但難以得到寺院中人與信徒的鼎力相助。眼光與布施問題，加上山頭主義，佛教真的要自生自滅，自求多福，悲哉！

創設大專佛學講座，推進國際佛教關係，雖然遭遇了重重的魔障，到底植下了無數的菩提根苗，並且都在不斷的成長茁壯。」〔註38〕明復法師很重視「佛教世界的法要」，因其可「開拓中國人的眼界與胸襟，并激發起國人智慧與熱忱，完成世界文化之融匯，使作更高度之展現。」〔註39〕明復法師說：「古人護持佛教，有多種，一是把斷滅的法脈承接發揚下去，二是使作文化的創進，三是弘法也要兼作利生事業。其精神貴在，發廣大行願，有佛處急走過，無佛處慢慢行。」佛學譯粹的出刊，是推展國際佛教關係的一種重要媒介，很難有人能持續做得下去的，「法不孤行，仗緣以生」。後來龔教授在心道法師處，主編國際佛學研究年刊、國際佛學譯粹，策畫主題講座等。〔註40〕曾邀我作專題演講，題目是〈當前社會現象與佛教教育的考察〉，原文之前刊登在獅刊31卷8期～32卷1期。80年6月，《國際佛學譯粹》第一輯出版，龔教授在「序」文中說：「國際佛學研究中心，是以佛學研究為，重點的學術機構，期望在不斷舉辦的學術活動交流中，結合培養研究人才，匯集資訊文獻，開拓研究領域。因此，掌握當代研究的動脈，了解國外佛學論作，最紮實有效得方法就是研讀及翻譯。所以，靈鷲山般若文教基金會願意支持這個譯粹的編輯出版，作為其般若學術叢刊之一，這是值得感謝的。」〔註41〕

有基金會支持，這個譯粹同那個人支持的《佛學譯粹》，也面臨到不同的問題，即稿件來源與素質。透過關居士，蔡瑞霖、明復法師、黃運喜與我諸人到松山寺聚會。參拜過靈根法師後，蔡瑞霖詢問我《佛學譯粹》稿件問題，我說都交給杜學長了。後來有一次與龔教授聚會。餐敘中談到《佛學譯粹》，他說：「我們就是承繼你們的工作。」但他們的譯作多是來自日文，僅一篇法文，我們的譯粹有日、韓、印度、尼泊爾、瑞士、荷蘭、加拿大、錫蘭、挪威諸國與西藏人的作品。〔註42〕

3、佛教藝術

南亭法師在讀《維摩經》之後，覺得「畫也未嘗不可以作佛事了！」其

〔註38〕《道安長老紀念集》〈遙寄常寂光中的安公和尚〉，頁27。
〔註39〕《吳越佛教之發展》〈佛教之中國化〉，頁2。本碩士論文「第一章緒論」第一節，得到明復上人費心修改，所以帶有濃厚的明復法師對中國佛法的觀感與期許。
〔註40〕《龔鵬程四十自述》，頁411。
〔註41〕國際佛學研究中心編譯《國際佛學譯粹》第一輯（民國80年6月，靈鷲山出版社）「序」，頁2。
〔註42〕《佛學譯粹》創刊號，英文部份大都是我翻譯的，我用了不少筆名。

讚揚曉雲法師說：「她的筆法、立意，其高逸處似欲旨發石濤之運筆，且比佛學思想涵融畫境，無論佛像、山水，是亦以畫說法者。」〔註43〕在繪畫、書法、音樂等藝文層面上，人們可以在無國界色彩下盡情率性的交流；它們不僅關涉到一個人的文化涵養，如善用它們，易生教化功能，是佛教徒跟社會發生關係的好方法。人生其實也是一種生活藝術，我跟明復法師久了，略通一點藝術氣息，多年後我與張憲生、吳世英合編了一本《藝術與生活美學》，這本書的內容提到不少明復法師的禪藝術思維。

　　在〈與明復法師編雜誌感言〉一文中，我提到：「我見了明復上人之後，知曉政治有其立場，不是我的興趣，受到他老人家的鼓勵，轉攻一向為人所忽視的吳越國佛教史，這使我在教界與學術界一下子熬出了頭。且因隨明復法師辦理道公所創的獅刊，一連串的撰文與譯稿，使見識更加的增上。在松山寺道公的方丈，常聽師父談論教界的事務與道公的行誼，我由是皈依佛教，成了護法者。師所辦理的獅刊、《佛學譯粹》與《佛教藝術》的過程以及承受的種種艱辛，我或多知曉，因我擔任物色一些譯者及搜集部份稿件的責任，他與靈根師說話，我隨侍在旁。惜機緣已盡，三個刊物的編輯工作後來都告一個段落，師遠赴霧峰護國寺寄居，我則四處飄泊迄今。」〔註44〕

　　關於佛教藝術，有人說是師禪餘的最愛，我覺得跟他老人家在一起，有很多方面的美學知識得以窺見。在松山寺，在霧峰護國寺，在其下榻旅店處，逛街乃至於散步遊山，都離不了談到藝術欣賞與宗教心靈的話題。他跟阿開、金龍談藝術或看藝術作品時，不懂得藝術的我只有聽字訣了！在辦理獅刊時，裡頭少不了藝術作品，如社壇、論壇、譯壇、學壇之外，還有藝壇篇幅，有吳永猛與李玉珉等人的作品。因藝壇篇幅的經驗，加上明復法師多年的人脈關係，很神勇地構思出《佛教藝術》刊物的雛形。記得我到華岡去拜訪過陳清香教授，談到法師交待的一些事務，不久刊物就出版了，由陳清香教授擔任總編輯。師在〈發刊辭〉上說：「宗教與藝術，在我們實際生活中，是一是二，殊費思索。因為此二者自創始以來，便緊密的結合在一起，相互為用，從不曾偏廢歧離，發生過矛盾衝突的情事。兩千年前，佛教從印度攜帶著東歐西亞和北非地區許多文明民族的優美藝術來到中國。我們先民以虔誠的信仰，接受了佛敬，同時也接受了這些寶貴的藝術。而後，費了數百年的精力，

〔註43〕釋南亭〈寫在雲門畫展之前〉，《南亭和尚全集》，頁 352～353。
〔註44〕《禪思維與禪境的意趣》第二集下篇，頁 22～23。

把這些輸入的珍貴贈品和我們固有的藝術陶融在一起，創造出人類文化史上第一種高尚優雅的世界性的藝術，隨同佛教，傳播四遠，流布至今。不但如此，我們所創造的這程世界性高雅的藝術，具有多元性的內容，涵蓋了文化範疇中每一項目，每一章節。這顯然是由大乘佛法的『淨土思想』中化育出來的。經中曾言：在佛淨土中，非止行樹眾鳥解宣法化，樓閣宮殿也皆能演說妙諦。我們先民在這種啓示下，善巧的把佛法精義融貫到藝術創作中，敷展爲清淨莊嚴的優美文化，灌注於現實生活每一個細節之中，使廣大民眾吸飲吞服，無竭無匱，以至躬行而不察，日用而不知。我們試拈任何一件隋唐兩宋的遺物來看，都可發現其中充盈著大眾佛法的第一義諦。我們民族因爲有此成就，廣受世人尊重讚揚，歷千餘年而不衰。現在又走我們創作第二次新的世界藝術的適當時機了。半個世紀以來，在任何一所佛法曾經流布的區域，都有人在有計畫的，大規模的作佛教史蹟的探考與重整的工作。湮沒於偏遠地區的森林中、沙漠中，乃至深深的淪入海底，埋入地下的塔寺岩窟，一處處被發掘整建。流失在文獻中，早已被人遺忘的音樂、舞蹈、戲劇，也有許多學者專家在整理鑽研。另外，一些歷經桑滄，幸存於世的古老方技、習俗或典章，更爲大家所珍視、所尊重，而予以考究、探討，重新傳播於世，這是全人類共同致力的偉大運動，行見新的世界性藝術，在不久的將來，誕生於世，一如我們在唐宋時代所作所爲。在這陣巨潮中，我們往昔佛教藝術成就，極受重視。經過長時日的研究探索，成績固屬可觀，如果想更上一層樓，則須賴我國學者參加，民眾支持。換言之，即須在我國內也掀起一陣同樣的熱烈的，普遍的研究巨潮，與之匯合，以收共同奮進，互輔爲用的功效。就事理言，這確是必要的。因而我們一些對佛教藝術素有興趣，且一向留心的研究的同好，首舉行了幾次集會，詳盡的交換推展研究工作的意義。大家認爲研究中國佛教藝術，在今天，必須匯合國內外緇素專家、各科學者的力量，共同從事。必須求取民眾，尤其是青年學才俊的參與。必須有長期的謀劃，廣泛的努力，實際的經營。於是我們決定推動共同研究，舉辦展示，募集中國佛教藝術的研究獎助基金。還有，就是創辦本刊。這份刊物在佛教藝術的研究工作上，希望能發揮所演講廳的作用，供給從事研究者報告其見解與成績之用。也希望能成爲一所研究室，提供研究者最新的參考資料。也希望能成爲一所傳播站，隨時通報山遙地遠各方面研究工作進行的情形。也希望成爲一所展示場，經常有精美的藝術品及有關的新聞攝影展出。而最希望

成為一所『大茶館』不斷提供富有娛樂性的資料給讀者大眾雅俗共賞。總歸一句話說，這份雜誌是大家的，讓大家透過這份刊物來參加佛教藝術研究與發揚的，創造大家優美高雅的歷史事業。」〔註45〕

　　對於《佛教藝術》的創刊，有很多學人來共襄盛舉，印順長老也題字「佛藝之光」來祝賀。陳教授知道我的碩士論文《吳越佛教之發展》中，有一章談到吳越佛教的藝術與文化交流，因她的關愛，我重新整理一下就刊登在第3期的刊物上。〔註46〕關於此刊物的狀況，洪致美在〈覺風學苑佛教藝術研究重鎮的成立〉文中說：「佛教藝術的研究與創作在十幾年前，對國人而言是相當陌生的一個領域，只有明復法師與陳清香教授倡辦的《佛教藝術雜誌》孤軍...。」成立大會當日佛教界高僧真華法師、明復法師及如虛法師蒞會賀讚。另外《覺風季刊》成立於81年12月15日，主編是寬謙法師，其在第26〈刊頭語〉中云：「本基金會一直秉承印順導師思想，致立於人間佛教的推動，另外亦希望隨緣盡分地透過文化、藝術的體認，展現圖像中深邃的佛法思想內涵，故本刊每期中均有一篇屬於佛教藝術或建築的專題文章。」〔註47〕

　　《覺風季刊》每期中均有一篇屬於佛教藝術或建築的專題文章，早在74年1月明復法師編輯的獅刊上，就有蹤跡可尋了，當時我一口氣翻譯了不少佛教藝術與建築的文章。《佛教藝術》面臨現實問題，辦沒幾期就停了下來，慈濟上人對此曾說過一段話：「明復法師在潘（禤）居士陪同下來慈院看病，並與上人提到《佛教藝術雜誌》這本刊物於停刊三年後，正積極籌備復刊事宜。上人讚歎這是宏揚佛法的盛事，當盡心護持，唯從事文化工作者，若不登載社會不正常的消息，恐怕曲高和寡，成為無底深坑，建議訂戶最好以有心閱讀的人士為主。上人指示，在慈濟道侶與月刊以廣告方式登載佛教藝術雜誌復刊的消息，同時建議明復法師，於復刊前多寫些有關佛教藝術的文章。」〔註48〕在詹偉雄等著的《美學的經濟》一書封面提到，臺灣越來越多的人，有美學欣賞危機，這或許如那洪致美所說的社會有著「人心浮動的亂象」，或者如慈濟上人所說的「若不登載社會不正常的消息，恐怕曲高和寡。」由此更可窺知明復法師的苦心孤詣，慈心真的悲切。

〔註45〕《佛教藝術》創刊號，民國75年5月16日。
〔註46〕賴建成〈吳越佛教對文學與藝術的貢獻〉，民國76年5月16日《佛教藝術》
　　　　季刊第3期，頁110～114。
〔註47〕《覺刊季刊》26期，頁2。（88年4月1日）
〔註48〕1991年3月13日上午，善慧書苑「明復法師帶來佛教藝術雜誌復刊消息」條下。

（二）佛教學會

臺灣光復之後，大陸僧侶輾轉來臺弘化，當時的中國佛教會〔註 49〕勢力很大，章嘉大師、白聖長老陸續接掌理事長。很多僧侶要依止在中國佛教會之下，方能發展出他弘化的願行，當時「唸佛會」蠻流行的，此外是成立佛學院，成立大專佛學講座，發揮佛教青年的力量。〔註 50〕後來，星雲法師想成立佛光青年會，明復法師則規畫佛教史學會，但備受困擾。

我在松山寺受學時，明復法師說：「當時星雲法師邀我，一齊到中佛會抗爭，但我念及白老的……沒能出席。」尊師而敬畏之故，很多事就難以成行了，如印老邀其到新竹福嚴精舍辦理佛學院事。〔註 51〕民國 67 年，星雲法師籌設中國佛教青年會，民國 74 年召開世界佛教青年學術會議，不僅開設叢林有成，佛法也多方傳布，信徒日眾，影響力甚鉅。〔註 52〕這都是願行問題。

關於明復上人籌設佛教史學會事，在 1999 年現代佛教學會通訊「學者專訪——第三屆理事長楊惠南」文中，提到：「Q11：請問成立現代佛教學會的動機？」「這個問題最熟悉的應該是藍吉富老師，因為他是最原始的發起人。另一個更原始的發起人一直沒有參加這個學會的活動，就是中研院地震研究所的一位研究員。他提起為何佛教不弄一個這樣的組織？大家也一致贊同，所以由藍吉富老師來發動，成立了這樣的一個學會。原來只是結合了一些佛教研究的學者作一些聯誼性的活動，所以宗旨原本只是讓學者可以有互相接觸、彼此交換意見的機會。當時這樣的組織還很少，因為之前有戒嚴法，之後還有人團法，人團法後來才修改。當時的規定是同性質的社團只能有一個，所以依照舊人團法是不可能成立的。我記得戒嚴時期明復法師就有意成立關於佛教歷史的一個社團，也開過幾次籌備會議，我有去參加，但是後來無疾而終，就是因為違反人團法。等到戒嚴之後，人團法也修正了，因此現代佛教學會成立。這當然是臺灣第一個，也是因為戒嚴解除之後才得以成立。」

〔註 49〕關於中國佛教會，參見釋南亭〈所希望於中國佛教會者〉，《南亭和尚全集》，頁
283～285；另見釋南亭〈六年來中國佛教會之成就〉，《南亭和尚全集》，頁 286
～297。悟明法師《仁恩夢存》，頁 163～164 及頁 178，說及中佛會內幕重重。

〔註 50〕參見符芝瑛《傳燈——星雲大師傳》（1995 年 1 月 30 日，臺北天下文化），頁
69～70。中佛會的情形，另見李子寬《百年一夢》，民國 60 年出版，頁 376
印順法師條下：

〔註 51〕聖成〈與明復法師編雜誌感言〉，《禪思維與禪境的意趣》第二下篇，頁 22。

〔註 52〕《傳燈——星雲大師傳》，頁 355～356。

　　關於佛教史學會，明復法師還是念念不可或忘，他看黃運喜與我是學歷史的，所以常把籌備文稿拿出來啄磨，看起來很想把這個構想給實現開來的樣子，但因緣時節已過了。我們就此願行不用太罣念了，因大有人在實現，如現代佛教學會與臺彎佛教學會等，不乏關心、研究與嗜好佛教史的學者在熱心參與呢！

（三）佛教教育

　　明復法師如同道安法師，很關心僧才與年青學子的教育問題，今日思之似那同一模子，如古德說的「佛佛如印印泥」。〔註53〕一般法師或學者，一談到佛教，不免局限在信仰與學術、出世與入世、教團體制等大問題著眼，得到的結論是可預期的，如「心淨信仰可包容學位與果位」，「以出世精神做入世的事業」，僧信共容互助完成道業。〔註54〕明復法師與道安法師，與之不同，關心制度與素質問題。

　　明復法師常與道老談佛教教育，問：「我們的制度如何建立呢？」答：「在目前遽然就談建立制度，似乎略嫌冒昧，因為我們目標尚且未能明確的樹立起來。不過這個制度，至少應該具備這三種精神。」問：「何者為三？」答：「一者要符合佛法的根本精神，雖然為了順應時節因緣，祖師們當初為了救時而施的權變，今日時過境遷，不可不捨，但是佛法的根本精神，實不容違棄，否則便是破見，滿可以退出佛門，不必再為佛事操心。」問：「其次呢？」答：「其次要與世法密切融合。就世間施設所得的成就，加以充實，促起其昇華淨化，使符合佛法的要求。」問：「還有？」答：「還有就是要尊重教育專家的意見。現代的教育學、心理學、社會學並不完全違背佛法，只是層次的差別而已。而且現代教育有許多精細微妙思維，對於僧俗同樣重視『一般教育學的原理與方法』，佛法的教育才能有效率，纔能與世法教育相輔為用。佛法教育方始得藉世法教育的成就而更上層樓，方始符合六祖所謂：『佛法在世間，不離世間覺。』」〔註55〕

1、中年僧人

　　與明復法師遊山次，師說：「我曾與道公談到中年人出家，會把習氣帶到

〔註53〕《五燈會元》卷十「天台山德韶國師傳」云：「佛佛道齊，宛爾高低；釋迦彌勒，如印印泥。」

〔註54〕參見〈兩岸佛教交流〉，《圓光新誌》88 年 1 月 43 期，頁56～68。

〔註55〕《道安長老紀念集》，頁38～40。

佛教，但也對佛教界注入新生命力。」這如同道公所說的：「笑話，誰沒有習氣，幼年出家的老修行，就沒有習氣嗎？一般人時常譏笑的勢力眼、鄉愿、懶散，不是老修行人的習氣嗎？（中略）我認為中年人出家的人，其可貴處就在於他們的世俗知識與社會經驗，甚至他們的習氣，也自有其積極的價值，我們應該深入一層去瞭解他們。」〔註56〕我想這如日本僧人所說的，曾下車過二十年俗世生活，再出家就可好好地度化那些層面的人們，這就是活在現代。〔註57〕當下心即可得！但說易行卻難達到好的品位，所以當再教化一番，好行濟化事業。

　　南亭法師與李子寬都很欣賞日治下佛教的特點，〔註58〕明復法師與道公則很借重日本的佛教文化，因他山之石可以攻錯，所以他搜集了很多日本人的作品，如《佛教學研究年報》、《駒澤大學佛教學部論集》、《大法輪》、《跳龍》等，並購買一些日韓佛學專書如《朝鮮禪教史》、《佛教思想史》等，還有不少藝術建築書籍。中年僧人或者是中年出家的僧人，對教界多有影響力，所以他們兩人都很關心這個問題，也在思索一些對策。我們來看日人的思維：「這中途下車人生期間辛酸勞苦的點點滴滴，豐富的實質融入在往後天輪老和尚所說的法語中吧！我想其豐富的經驗，之所以能讓每天艱苦地在競爭劇烈的社會中謀生的在家眾們的心靈深受感動，原因是老和尚所傳法開示的佛教，正流著與我們有共同經驗的血、淚和歡樂。」〔註59〕他山之石，固然可以攻錯，但有樣學樣如學禪僧人，不如學存獎說求個安樂法門去！我們來看他們的談話：「問：『那麼，老法師的意思是不是我們可以採用日本制度？』答：『無論甚麼制度的建立，都要完全符合其行始環境的各種條件，所以最好是根生土長的。外來制度必然會引起排斥現象，造成無謂的損失，而最後還須一改再改，方能符合環境，方能暢行無阻。（中略）你看一種制度的建立，多麼不簡單。妄想把人家的制度搬來實施，那不是低能兒的痴想，就是打算塞搪責任，沒有人會這麼想的！』」〔註60〕他認為要想解決社會問題，「最根

〔註56〕《道安長老紀念集》〈道老談佛教教育〉，頁30～31。
〔註57〕《禪僧與癌共生》「中途下車」，頁49～54。
〔註58〕釋南亭〈臺灣佛教之片段〉，《南亭和尚全集》，頁328～329。南亭法師頗在意日本佛教文化，參見釋南亭〈一個好現象一個新希望〉，《南亭和尚全集》，頁333～338。
〔註59〕《禪僧與癌共生》，頁53。
〔註60〕《道安長老紀念集》，頁38。

本的辦法就是辦教育。」明復法師則說：「這樣說，辦教育的風險滿大啊！辦教育的人不但要有手腕，而且還要有眼光。」道公說：「譬如說：『我們來培養一些會作科判、能昇大座講經的法師，就可以住持佛法。試問，能昇大座，就能掌握我們這個社會在疾速的工業化的過程中，表現在眾生心上的各種病態、各種過失、各種煩惱嗎？法師！今天我們中國的佛教徒，應以全力協助社會完成現代化、工業化的努力，更無其他事可作的事。（中略）真能建立起一個安和樂利的社會，而且更進一步使之成為符合佛法的人間淨土。這就是釋迦佛所講的藥師法門。』」明復法師問：「老法師的意思是說，在目前乃至見得到的未來，我們住持佛法的師家，應該，走下大座，以身教代替言教。」道公說：「不然，我是說在這個與前不同的時代裡，與前不同的社會裡，住持佛法的人，更應該通達權變，講求善巧。你知道從前曾有師家為要利濟行人，修一座橋，辛辛苦苦的勸化了十年，最後更有焚其身，激發大眾的喜捨心，來共襄善事。在四川曾有過為募印藏經，比丘尼祖孫三代剮目斷臂燃頂。在現代我們需要把這種願行，擴而充之，使它組織化、系統化，更有效的、持久的投入社會工業化的這一劃時代的大運動中，擔負起作人天師的積極責任。」問：「你的意思是不是有點被誤解為提倡集體自焚的可能？」道公說：「有這些抓狹的人來故意的誤解嗎？我只是說明佛法萬古常新，而弘化之法，卻要順應時節因緣。在今天我們需要有大權大用、神變無方的師家來住持佛法，利濟眾生。我們目前的教育，就是要養成這種人才。所以我對一些中年出家的同道，寄以殷切的厚望。我覺得對他們施以有效的訓練，付以重大的責任，不失為救世救時之舉。」〔註61〕對於中年僧人的看法之外，如何訓練他們成人，道公說：「我有計劃，明年等玄奘寺的房子擴建好了，先辦一個訓練班，專門徵調那些中年出家的人，你要知道，這些人纔真正是今天的寶，我們都有廣大的心願，才肯在佛法式微的時候出家。同時也有足夠的社會經驗，只要有了相當的佛門知識，人人都能獨當一面，這些人不用，還有什麼人可用。我說辦個訓練班，從舉手投足訓練起，以最嚴格的方式，最快速的效率來訓練他們，舉凡佛門各種應該保存的，發揚光大的良好傳統，都教給他們，使他們在一年之中，或者一年半中間，成一個能說能講、能辦事、有修持的人才。法師，拿經懺佛事來銷磨他們有用的餘年，是種罪過！法師啊，我們不能長久這樣作。」明復法師說：「站在我們晚輩的立場說，這是老

〔註61〕前引書，頁 33～35。

法師的大慈大悲，我們實在感激不盡，中年出家的人雖然你老人家視之為寶，一般人恐不盡然，甚而他們自己也未必自以為寶。大家總是厭惡他們習氣重，高傲，不能和合入眾……。」〔註62〕明復法師與道公的一席話，可以知道他們倆人的悲願，以及各自融攝的教育理念。師雖然籌劃過佛學院，辦理一些刊物，到處奔走教導中國佛教史，發表過不少佛教史與禪藝術理念的文章，但其一生，不願上大座講經，也不輕易收徒，是有相當緣由的。因古禪常說：「過在化主！」要有保握方可。

2、年青佛子

近百年來佛教在一連串法難下，教徒千年來的廣大行願，今時只存「一種破碎枯萎的子孫廟經濟行態」，我執我見之觀念仍牢不可破，僧伽名存實亡，社會仍不乏名僧大德仍秉持大乘佛法的宗本，但欲振乏力。〔註63〕佛教的未來有人寄託在青年學子身上，有的說中年僧人的重要性，寺廟人才的缺乏是個大問題。大陸濟群法師說：「臺灣佛教在發展的過程中，雖然有很多積極面，但也有些違反佛法不共世間的地方，有一些不足之處。（中略）像臺灣幾座大的子孫廟，要成就度眾大事業就比較容易，但相對的在個人解脫道來說是有影響的，因為會對繁雜的寺務有所牽掛，甚至忙得沒時間生病，這是很身不由己的。」〔註64〕

教界真的不乏有人重視僧團組織與教育，如明復法師寫過《中國僧官制度研究》，並與韓國張慧命法師有過一段關於現代佛教寺院經濟問題的對話」，〔註65〕對於師僧，明復法師關心這一個議題：「在當前這個工業時代的社會裡，能充當個甚麼角色，而後安分守己的尅盡自己的職責，以取得社會的信重。」在〈道老談佛教教育〉文中對於道老所提出的「中年僧人養成教育訓練」，他說：「是的，是的，這是你老人的明智高見，家師也曾談過他的

〔註62〕前引書，頁29～30。
〔註63〕釋悟明《仁恩夢存》，頁178云：「二月初四，章嘉大法師因胃癌已圓寂於臺大醫院，下午三時由臺大醫院運往青田街大師寓所裝龕，大師一去，佛教未來的領袖，將有一番逐鹿！不過，我相信一種授權制度，對常務理事的三頭馬車制，殊感乏味！數天後，我們山上發生一件僧與僧互毆的案子，僧與僧互毆，恐怕在居士們的眼裡算是一件新聞，偏巧僧林卻常有這一類令人沮喪的低調。」
〔註64〕《圓光新誌》43期「兩岸佛教觀念交流」，頁57～58。
〔註65〕《獅子吼雜誌》第24卷第7期頁39談及子孫廟時云：「在歐風美雨中，搖搖欲墜。最近乃至視為這千餘年的寺院經濟型態，是依附封建經濟的幫凶，誠然不知從何說起！」

一番理想。他以為我們不妨一方面從速從嚴整頓現存的傳統僧伽制度，嚴飭律行，提高素質，澈底糾正各種不良的積習。另一方面推行短期出家制度，招致高級知識份子，出家三年或五年，而後退為優婆弟子。前後相續，永無斷絕，使這兩者在嚴密的配合下，重建中國佛教。」道老說：「這是一種良好的方案！令師見識、魄力，處處高人一着，像這種推陳出新的方案，不但要仰仗他來設計，尤其是需要他出來領導施行。時乎時乎，不再來，要劍及履及，即早動手。」〔註66〕這些方案，如同那開設的叢林、成立僧伽大學，陳義過高，曲高真的合寡，加上僧家的山頭主義作遂，總是難以實現的。關於這些問題，學史學的我僅能於多年後為文〈當前社會現象及佛教教育的考察〉，來加以總結，以示不忘受教誨之恩情。對於僧俗教育，方立天教授說：「如果在學術上研究佛學，有普及、有提高；而教內的法師們在實踐方面、理論方面，也做出貢獻，那麼佛教對於整個社會成果，就會比較好。」〔註67〕我想，這是關心佛教師僧教育與僧信間互動問題者的共同見解，也是佛教學者或學問僧較樂意見到的。

　　明復法師與道公談及臺灣的佛學院教育問題時，明復法師認為：「先以傳統的知識灌輸給學生，縱然真的採用什麼填鴨的方式，把他們教成一種學語鸚鵡。非止目前可以收到一些工具效果，等到他們年事與日俱長之後。經過一番反芻的工夫，鸚鵡豈不就變了一隻能夠負重致遠的駱駝了嗎？」道公說：「妙論，妙論！不過也需要替學生想一想，在受教育的時候，只能接受了一些定型的知識，和一些嚴格的律條，這些律條中最重要的是不得離經叛道，不得違背師說。」

　　道公認為學人的「有反芻的餘地」與「有反雛的能力」，很是重要，所以他很重視健全的教育，強調有效率的教育，如此才有益於僧團與社會，能解決社會問題。〔註68〕明復法師認為故步自封的師僧，是一種「精神上的虛脫」，是一種嚴重的病患。所以他每回碰到我，就說當老師最容易僵化，誤了學生的法性慧命，就該打入某某層地獄，還笑呵呵地說：「聽人家說，十八層地獄之下，還有一層，為一些老師準備的！」真的聳人聽聞，嚇我！好像不喜歡我將來僅當老師就好的樣子，還是意有所指，話還沒說滿呢？！他老人家，

〔註66〕《道安長老紀念集》，頁35。
〔註67〕《圓光新誌》34期「兩岸佛教觀念交流──大陸法師學者蒞臨圓光參訪」，頁65。
〔註68〕《道安長老紀念集》，頁31～33。

也很欣賞日本僧人的某些制度與傳統教育作為，如道公所說的：「各地寺院都設有幼稚園，或中小學，他們在這些幼年青少年中選拔出優秀的，授以相當的佛法知識，並且在經濟上予以資助，送他到各宗大本山辦的大學去深造，同時進一步鼓勵他們參加寺院的法事，及一般交際活動（中略）畢業後，在寺院裡學習兩年，而後即取僧家的身份，願意結婚的，即可成家授室。這種制度，並非盡美盡善，不過它有一種特色，即是僧俗兩種教育吻合銜接，不致於培養出一些離開經本禪冊，就呆呆痴痴的連文盲都不如的僧家。日本人很以他們這種制度自誇自豪。」〔註69〕後來在明復老對吳枝開與潘播的教育上，可以看出這些思想的影子，他老人家也在我耳邊敲邊鼓，但我捫心自思，僅能自力更生去較為實在，也合乎我的因緣。

　　晚年，師很肯接引後進，看廖喬科喜抽象畫，就去他家瞧瞧，鼓勵他進學，並把他的畫與趙無極做個比較。師常對我說：「今生到此，沒想甚麼，只想多幫忙一些年青人。你看誰不錯，就帶他來見我。」跟師親近久了，知其願行，此事大大難矣！聽我的話，他老人家，也僅能笑呵呵以對。師每看到好文章，或者是有見地的論文與話題，一看到我來，我還沒能坐下來好好喝口茶，他就迫不急待的說東道西。談到戒律，他鼓勵佛子，顧及到將來的弘化事業，要多多研究法律如民法。昭慧法師說：「民國 73 年，筆者受印公導師之提攜，到福嚴佛學院任教，在印公導師的指導下，先行研讀整部《四分律》，復又受到導師的律學觀念與史學治律法之啟發，於是寫了好幾篇律學文章，投稿於《菩提樹》與《獅子吼》，竟也得到教界先進的支持與鼓勵。例如：76 年間筆者撰為長篇的〈諍事與滅諍法〉，在《獅子吼雜誌》連載之後，佛教史學先進的明復長老特別嘉勉，並索取全文。」〔註70〕師到了龔教授所云的「吃老本之年」，以及悟明長老所云「該好好修行之時」，而且身帶宿疾，仍好學深思，提攜後進，眼光炯然如炬，笑言可掬，由此可見他對佛教付出的願行，以及對佛子的悲情與關切心，有多麼的鉅大！

三、禪話與意境

　　記得在松山寺親近明復法師的日子裡，他老人家關心的是教界的動態，以及未來的發展。在道安法師的方丈室內，我們吃果子、品茶，話題中每每

〔註69〕前引書，頁 37～38。
〔註70〕釋昭慧《律學今詮》「善用史學研究法」文下。

談及道安法師的行誼，還有未完成的志業。其悲願心，也是真切，我聽得出來，兩人有共同未圓成的事務。這種情境，就如同法振法師當年聽道公的話一樣，其說：「由於你老人家的開示，我對您的悲願力，又有更深一層的了解。那時候，我三天兩頭時常生病，對於生活，很覺乏味，自從聽了您老人家偌大年記，尚且正為理想抱負而生活，精神也不自覺振作起來，賤趨也從此日趨康強，任勞任怨也都能滿不在乎了。這又是您老人家的一件無形之賜，也是堪以向您老告慰的。」〔註71〕我跟法振法師不同的是，我練氣功與各種養生靜坐法多年，身體大抵是康健的，但生活卻是空虛，每覺得前途茫茫。碰到明復法師，我聽聞到前此從未接觸的佛教事物，回去後我運用史法急忙加以補牆，避免下回聽話時一句也聽不懂，更何談道問學。

　　進學在致知，師法古今聖賢，然後走出自己，活在當下，朗朗明光，這是許多習禪人追求的。初時我習靜練氣修密，不知佛道要密，碰到明復法師之後，他恐我誤入歧途，落入壞人彀中，因其提醒，我幡然回首，棄道就佛。多年後，我跟他老人家說：「佛法改變我的人生，感謝您老人家的再造之恩！」他心情是高興的！在松山寺時，一般僧人看見明復法師，高峻危岸貌，禮敬而不近，惟運喜與我，能受邀進方丈吃茶閒談，大家都很開心，阿開則隨侍在側。〔註72〕在松山寺跟明復法師的那兩年，我還不懂禪話，聽聽佛教界的故事，他老人家還不斷提及有哪個事情、哪個題目可做。一回我提到蘭花，說到把蘭草搬到草山居所種植的事，他說：「古人行船，帶花同行，你今之古人乎？」並提到日人芭蕉的禪詩，後來我寫了一首小花詩，他老人家搶著要看，我覺得不登大雅，沒肯讓他瞧。再多年後，我重寫出「小花頌」，以示懷舊。〔註73〕

　　一回在松山寺閒聊，明復法師忽然說：「建成，我看你鎮日練氣功，連禪的邊都摸不到。」聽了這句話，我心裡很不服氣，回去後多天都在想這個問題，

〔註71〕《道安長老紀念集》「遙寄常寂光中的安公和尚」，頁26。
〔註72〕阿開從小失怙，由祖母帶大，到松山寺禮佛次，剛好碰到明復法師，他老人家摸摸小孩的頭，說了幾句話。老祖母以為和尚喜歡小孩，一回造訪就說：「看你很喜歡這孩子，他也可憐，就送給你當孩子！」明復老笑對我說：「當和尚還要孩子，不是讓人奇怪乎？！」他老人家深懂教史，有大悲心啊！但他老人家說，照顧阿開還是有其他因緣呢！神奇夢境，暫且不說。南亭法師在〈如何引導清少年出家〉文中所說的，佛教徒以如父母對子女犧牲的精神去照顧窮苦家的孩子，明復法師真的如是行。
〔註73〕《禪思維與管理藝術》第二集〈禪思維——情感與真實〉，頁18。前引書〈思維古德的遺風——與諸師話禪〉，頁81。

自問：「禪是甚麼？」看了明復法師常提起的鈴木大拙的書籍，也想不透！一日隨侍次，他老人家說到他胃腸疾病住院看診，醫生說無救了，請家人準備後事，那一晚他覺得世緣已盡，平心靜氣的等死，一覺醒來，身體爽快多了，醫生來看直說：「奇怪，我們研究！研究！」他就出院了。他老人家正說得津津有味，我忽然冒出一句話：「還不是氣功治好的！」他老楞了一下子，思想過後說：「氣動會妨礙禪定！」此後，我倆鬥鬥嘴的機會增多了，一碰面他常考我話題了。

　　談及性與羅漢問題次，他提舉跟白聖長老的對話來說，羅漢洩不洩精？白老說是生理問題。一晚我到霧峰次，他老見我來就說：「今晚，我們來談性的問題！」我說：「師父，這是佛門清淨地呢！」他老笑呵呵！他問我結婚事，我說不生孩子，他嚴肅得很，就說：「殺雞取卵！」說及小乘僧人：「有人練數息，觀想出兩鼻孔在呼吸間有兩道白光出入，如此境界，當為羅漢。」我答說：「小乘行人靜坐修氣，乃至能治癒自身疾病，亦有謂為羅漢者。」多年後，我明白禪與氣功，縱使在宗旨進學上容或有別，但在邊際效用上，對身體疾病的療效或有交會之處。〔註74〕跟明復法師說話，就如同道公所說的「不說破」，讓「學人有反芻餘地」也要「有反芻能力」，這一點要靠教育。我覺得明復法師在這方面運用的很妙，如古德，總有說不完的後頭語，所以聽他老說話要很細心，心死了兩造就無話可說了！還會誤解他老人家的大悲心呢？所以他對我說：「有人來訪，話不頭機，出去後還嚷嚷的說：『明復法師如此說！』大不滿意的樣子。」他老人家苦口婆心，看對方個性急思想躁進於「為比丘尼爭平權」，就說：「此事大不易，也不能做；真要做的，則當先多研究法律問題。」在教界，戒律與傳統，根生蒂固不易破的，如我修唐史專題，聽聞明復法師的話多時，若有所思寫了〈佛制與唐律令對佛教徒的約制力——以毀謗三寶及盜毀三寶物為例〉，〔註75〕深獲學界好評，到佛學院教書一提到此論文，出家眾爭相交詬；此外在重唸佛往生的環境之下，我一說練氣、談禪、修密，同樣受到強烈的非議與另類的眼光。但明復老大大鼓勵我：「多去說！」或許因我是道公的徒孫，當效法道公的精神，這讓我想到道公所說的：「為什麼怕說，說話畏首畏尾，都是心志怯弱，慈悲願力不真切所致。學佛，要有大丈夫氣概，要有擔當，只要願力真切了，自然會向宏闊處發展，宏闊的願力，決不是急功近利可以速成的。」我

〔註74〕另見陳文元〈佛道的心氣行法〉，《禪思維與心氣道法》，頁25。
〔註75〕先在歷史學會舉辦的研討會發表，後刊登於《中國歷史學會史學集刊》75年7月12日第19期，頁135～146。

初生之犢，真的不怕事，曾經很勇敢地去嚐試，還好不致於滿頭包，但滋味真的不好受的！

　　學佛教，明復法師說：「心理學是必看的。」所以就或多或少接觸到唯識的書籍，以及一些講真心自我的論禪書籍。一回在羅斯福路行腳次，明復法師忽然對我說：「許明銀居士問我：『唯識無境，誰來輪迴？』似在考我！」我不自主的說：「有我在，乃輪迴。」師默然。後來師常對我說：「古人碰到困境，到頭來總要在懸崖撒手！」我問：「那時的心情又是如何？」師說：「如喪考妣！」這讓我想起道公，為佛教常不眠不休，常坐不臥，真華、白聖以及關心他的同道勸他多休息，他總是先搖頭，然後說：「人家找到了我，有什麼辦法？！」他倆人看似都在攬人家的事務，給自己添麻煩，不作無事道人，但站在濟物利民弘化的觀點上，都是悲心真切的。

　　成一法師在〈道安法師的十大德行〉說道老：「為人很實在，道老生平個性爽直，說一是一，說二是二，從來不用心機，不要手段。（中略）只要他承諾過的事，一定負責到底，決不推諉，他真是一位道道地地的禪和子。」〔註 76〕雖然每個人欣賞人的觀點不同，但明復與真華法師，都認為道老真可愛，應說就說，應行就行。明復法師說：「我們的道老真可愛！喜歡和日本人交朋友，又要扳起面孔來教訓人家！」日本人對如法莊嚴的儀式，是很禮敬的，所以道老跟日本人說：「今天有此勝緣，希望你們多看一看，多學一學。」所以，明復法師常開示我說：「要看得起自己，再做到讓人瞧得起，要做到這兩方面，要從自我教育著手了！」明復老舉似的這些話語，深深烙入我的人生。直心是道場，真華法師說道老，「他才不管這個那個嘿！」〔註 77〕他這句話，說給明復法師聽，我也學下來了！我也覺得明復老可愛，話頭多，不小心還聽不出來，平日笑呵呵，你精明會問話，他不是一時沉默不語，話鋒一轉有時如道公，「扳起面孔來教訓人家」呢！？客人一走，我們當侍者的，就沒有存獎那麼好運氣了，又要被教育一番！你說臨濟不說破慈悲，還是明復老婆心呢？！

　　談到禪和子，雖然圓香居士說道安：「在臺灣來說，只有他老可以談禪，但從不以禪師自居，更不肯賣弄口頭禪，他老真有神通，卻絕口不談神通，更不肯賣弄神通。」〔註 78〕這是眼界問題，據明復法師對我說的，還有白老

〔註 76〕《道安長老紀念集》，頁 13。
〔註 77〕釋真華〈成敗不計公算教內第一人〉，前引書，頁 63。
〔註 78〕圓香居士〈末世難為菩薩〉，前引書頁 247～248。

也算半個禪師，那懂禪的會禪語的就更多了。如我與張憲生到華嚴蓮社任教，也參加一些聚會，為學子講習禪思想課程，就被考了。成一法師問：「你喜歡哪部經？」張君說：「金剛經！」法師說：「最喜歡哪一句？」張君說：「應無所住而生其心！」他沒考我，因我退而教佛教史，雖然我到此開設「禪學講座」半年，或許他看在明復老面子吧！在海明寺，代替明復老講席多年，承悟明長老厚愛，常一起用餐。一回，他考我了，他問：「下學期你要開講甚麼？」因我研究多年的禪宗史，正在寫博士論文《晚唐暨五代禪宗的發展》，所以我說：「中國禪宗史！」他很直接的說：「你沒入過禪堂，教甚麼禪教史！？」在論文審查口試時，我還被刁難地問：「你不是和尚，研究甚麼禪宗史？！」我簡直要跳腳的說：「你也是今人，為何研究唐史？！」但我忍了下來，沉思了一下，後來覺得對方都有理，他說的極是！但我卻不苟同！

　　悟明長老知道我親近明復法師，因我代替明復法師的教席，每回通電話，他會問我：「近來好嗎！」我一往如昔地說：「一樣！」修唸佛禪的他，真會考人！無疑情，話頭全消失了！一回與靈根師坐車次，師說：「建成，你師父真奇怪！每回與他同行，他直望著窗外景色，直說：『真美啊！』我感覺，還不是一樣的景物！美在哪裡啊！」這次輪到我默然很久，我的皈依師似在教我：「清淨本然，云何忽生山河大地？」師以直心是道場，實跟喜歡藝術的明復老機用大不相同。一回吃茶談話次，明復法師對阿開說：「跟草山許君學知識，跟靈根師學德行，而唯覺是老修行！」他說這句話，是要我們廣學多聞，不要侷限一隅作困獸鬥。一回忽問我：「一頭牛被綁著，如何脫困？」我說：「簡單，鬆綁繩子就好！」他笑呵呵，棒打人不著痕跡，得底人改形換眼。〔註79〕

　　一回與許君、醉月到護國寺，我與阿開談氣功去。聽說，明復老考許君：「云何說實相無相一點蓮花子？」許君說：「心經上說：『色即是空，空即是色。』」又笑問醉月，他答說：「在說舍利子！」回去草山，他們跟我談到此事，動動腦很好玩的。師後來問我：「實相無相，為何還說一點蓮花子！」我答說：「不會！」此回就不好玩了，話落在我身上，因為一聽話語，答與不答都落在杵草裡！〔註80〕

〔註79〕參見賴建成等《藝術與生活美學》「人生多彩妝——點燃知性之光」與「心性的藝術——經營你的性靈」，民國93年3月臺北華立圖書。是書內容中很多地方舉明復法師的談話，很深具禪味。
〔註80〕另見《禪思維與管理藝術》「思維古德遺風——與諸師話禪」，頁86。

　　跟著明復老談話，一問一答間，總有後頭語，直讓人落入雲霧中，一頭霧水很有趣的。一回談到禪與密，話題猶在腦門，忽然他老人家問道：「禪與淨，有何差別？」我說：「即禪即淨。」師說：「即禪即淨即密！」真的只有過來人，才有親近份。師看我修唸佛禪，後來又敲邊鼓要我去旗山修密法，我生性疏懶沒能成行，但後來總算聽話了，與許明銀居士去看紅教上師，因廣學多聞，對濟化很是重要。我習禪習靜久矣，但常有夢幻事，一回問師：「汝有夢否？」得到的答案，卻是沒夢！直笑我，「不敢再夢下去！」說：「碰到夢魘事，還好醒得過來！」我心甚疑，我想與師話禪鬥嘴慣了，他老人家不跟我談論夢事，只說禪話了！在護國寺參問，阿真（梁國真）問止觀事已，我不禁脫口就說：「師不是常說，好漢單刀直入，今日何談功勳邊事？」師看我一下，就說：「關你何事！」我礙眼罷了！一日其同學王書銘上師來訪，師說我們是臺北來的老友，王上師很正經的問說：「無眾生可度，又該如何？」一眾茫然，唯有明公在笑，解危地說：「小輩初學！」王老師一聽，就饒了我們，後來教我們十字明。師對我說：「此生本不欲修常壽法！」我知道這是願力所致，晚年他對我說「生如死般」，「只想多幫助一些年青人而已！」〔註81〕悲壯哉！真的，「高樹多悲風」，但盼「茁芽早昂揚」。

　　到阿里山冶遊次，明復法師忽指浮雲說：「建成，看啊！浮雲出岫，你作一首詩來看看！」我答說：「祇會吟古詩！」即說：「小小青松未出闌，枝枝葉葉耐霜寒；今朝正好低頭看，明日參天仰面難。」師面有苦色，似在沉思甚麼，一會兒又笑呵呵狀。後來他找阿開，從搜錄的《禪門逸書》中影印一本「禪餘吟稿」給我，讓我受益非淺。不只找到詩云：「出岫無心淡復濃，每回環繞最高峰；何當一掃浮嵐淨，四面依然積翠重。」也發現禪無餘與禪有餘的話題，後來將一些觀念融入〈唐宋之際禪門行法的特質〉論文之中。〔註82〕

　　一回在霧峰談話次，看師孤身一人往臺南佛學院教學並關心福嚴精舍開辦佛學院事，很是辛苦。我問：「要不要我幫忙？」他居然答說：「我不是出家眾！」真的，那裡多是尼眾。隔些日子，師見我即問：「還到佛學院去教學否？」我依道公的觀念作答，說：「我已體會了些許的事，雖然還會做夢，但和尚事卻非我的事。我到無佛處打地舖去，學那古德與師之精神，無佛處慢

〔註81〕前引書，頁83。
〔註82〕參見景文技術學院主辦、現代佛教學會93年5月26日「宗教人文管理學術研討會」第二場。

慢行，有佛處急走過。」師看我似修苦行，一日看我到來，即問：「你往日勤於靜坐，近來都做些甚麼？」我說：「把握住每一當下的機緣行去，念經、聲聞、走路、練功、閒聊，靜思，如是而已！生活再平凡不過了！」師說：「初學靜坐，以十分鐘爲限，不胡思亂想就不錯了，多坐打混無益！看你能把一些行法，融入生活中，好好用功！莫自苦自抑。」〔註83〕

　　我依明復法師 20 餘年，性格由茫然，變成惺惺然更有獨立性，心鬧念轉，常與師鬥鬥嘴，得其耐心呵護，熱心指正，心情隨之開朗，總算在學識上稍有見地。到護國寺，住持如虛法師每每對我說：「汝師是寶！」想必在說著一些話語：「入寶山，莫空回啊，要珍惜！」今日，還依稀回響著明復法師他老人家笑呵呵的話語：「初學佛，佛在心中；學佛數月，佛在眼前；學佛多年，佛在天邊。如今，不見了！」妙哉！學明復法師扇子上題的話語，放下於此，不贅言了。

四、明復法師的佛學文叢 〔註84〕

　　明復法師於 94 年 5 月 31 日圓寂，壽 92，僧臘 35。95 年 5 月在臺北大學舉辦爲期兩天紀念會議。師留下來的東西，全都委由吳枝開君收藏，廖喬科則管理吳枝開的相關事宜。師的佛教人名大辭典，要組成編輯委員會，讓此心志持續下去；還有出家後的作品，要一一的整理出來，目前先整理一些讓杜先生出版，其他的分散在吳枝開、廖喬科、潘播與我處，當中以吳枝開擁有的最多，我處最重要的是印順法師《中國禪宗史》一書師父的眉批，還有景德傳燈錄的眉批。明復法師佛學文叢，幾經波折，終於出版了！是可喜的事，師父的法滋味當可饒益眾生，更加的深廣。此書的編輯委員有釋徽定、釋寬謙、杜潔祥、吳枝開、釋寬謙、黃運喜、廖喬科、潘播與我。書名是法師生前定的，找國寶級書畫家王壽蘐老師題字，因爲對於畫事他們頗能交心。書由財團法人覺風佛教藝術文化基金會發行，這要感謝寬謙法師的義行。法師找杜潔祥編輯此書，據廖喬科說：「是要提舉他，使他的事業有新的氣象。」

　　全套書有五冊，第一冊，封面內頁明復法師的照片，是吳枝開拍照的。明復老法師風範行誼，經過多人寫稿，此文是最後定案的，被認爲較接近法師的志行節操，而用詞遣字就難以盡如人意了！還有寬謙法師序，以及杜先生的出版緣起，當中關於明復法師收弟子學生事，不是外人所能道知的，明

〔註83〕《禪思維與管理藝術》第二集，頁 82～83。
〔註84〕《明復法師的佛學文叢》，2006 年 9 月覺風佛教藝術出版。

復法師一生雖說是不收出家弟子，但還是有想過要破例的，但因緣總是不如人們所意想的一樣來發生，禪寺現由尼眾住持，如虛欲話也無語。「卷一：當代佛教論叢」，收錄 20 篇文章，大抵與佛教教育與寺院發展上的一些處境有關，還有附錄「安慧三十唯識論」一篇。

第二冊，「卷二：中國僧官制度研究」，包括五個部份，還有附錄僧制、僧職、僧律法的鑽研。「卷三：歷代禪師詩文集解題」，包括《古今禪藻即》解題等 54 篇，都是禪門逸書上的文章。「卷四：藝林高僧傳」，包括禪月貫休禪師等 20 篇文章。「卷五：中國佛教史散論」，包括 9 篇文章，當中還談到關公、中國古錢幣。第三冊，「卷六：禪與藝術」，有〈禪宗對我國繪畫之影響〉等十篇文章，當然這不包括「窗客存餘」以及獅刊上修改龍子的文章，但對照文意，可以看出法師的多易其稿的痕跡。「卷七：八大山人新話」，文分八個部份，還有附錄〈八大山人之一研究〉、〈八大山人行實與思想的探討〉兩篇。「卷八：佛教戲劇劇本五種及其他」，包括〈目連救母〉等 10 篇。第四冊，「卷九：石濤原濟禪師行實考」，包括序文、正文與繫年，還有附錄有〈石濤上人與其繪畫理論〉等四篇與附圖。獨漏掉洪正雄（明復法師筆名）〈當世因果親歷記〉——石濤上人一文，文云：「華岡王子廓教授，乃廣西名學者。我們相識於民國六十一年春初。那時我正撰寫明末高僧石濤元濟禪師行實考。因為當代研究濟師的學者，於其世緣每多語焉不詳，而且訛謬百出，造成不少誤解。乃欲廣覓資料，以明究竟，然幾經窮索，所得有限。一日，方厄於疑難，停筆苦思，無可奈何。忽念何不就居臺廣西耆舊探詢，或許可以幸獲一點端倪。遂即蹌踉下山，借左鄰電話，與臺北廣西同鄉會通談，承一老人接語，頗和善，我陳明意欲，當即允就會員名冊代查全縣同鄉以告，約十分鐘，答云：『全縣來臺名流，僅一監察委員，現住榮總就醫，不便打擾。餘有季硯芳君，供職行政院，唯年事較輕，不審能言故鄉舊事否？』我聞言大喜，奔回寮房，抽筆作書，舉五事相間，並以限時掛號寄出。間日，竟得李先生覆函，自謙少小離家，難答所問，特介紹在全縣讀書時中學校長王恢子廓先生，博學多聞，當可為排難解惑。唯言：『來臺二十餘年，疏於音問，僅聞王先生曾執教華岡，不知現況若何？』我讀完來信，立即恭修一函，并前舉五事，投寄華岡，本不敢略存奢望。三數日後，我在客寮與一二清信士談西方佛道。一偉岸老者不速而至，間之，答云：『我乃王子廓，承以鄙鄉先賢石濤上人下問，特來奉答。且有一奇離因緣相告。』我大喜過望，為點濃茶一顧，

并坐傾談。他說：『離鄉數十年，罕與他人言及故鄉耆舊，往事如夢，淡忘殆盡。兼以早在民國二年，以幼稚學童隨父母遠去上海。直至抗戰間出任桂林行政專員，始返廣西。其間三十年客居異地，幼時見聞，早已遺忘。若使追憶，實在困難。不料接讀大札前夕，竟然夢返全縣，遍遊城內外各處勝蹟。尤以大札中所問之香林、隱靜二寺，盤桓最久，所見最多。且似有一人若嚮導者，為敘述各種故事，娓娓動聽。幼年記憶，一時湧現，既至覺後，各種幻影，猶自翻騰不已。聞為老妻說之，也復驚異不解。造至中午課罷歸來，大札已陳案上，赫然以香林、隱靜二寺為問，讀之大為震駭，不覺汗下，以為操弧者必為十地上人，有大神通。今日幸覽芝顏，固是一般常人而已。』我大笑，撫其膝說：『老先生肯信此，乃石濤上人神通遊戲否？』」〔註85〕王師有墨寶兩幅贈予明復法師，列入我的珍藏品。

　　第五冊，「卷十：高僧書畫款識集」，包括漸江弘仁、石谿大杲、八大傳綮、石濤原濟禪師，附篇是事蹟繫年。在明復法師晚年，就遞給杜先生部份稿件，一方面盼其事業有所轉機，該書之出版不僅在兩全其美也，還有社會教化的功能存在。

五、禪畫理論

（一）畫與禪的關係

　　有人喜歡看國畫，尤其是禪藝術或者是禪書畫展，就不缺席；但一談到看似西方技法的畫風，就不愛看了，是薰習使然，還是根性使之然呢？這對於畫家或者是觀賞者的心境與心靈提昇的可能性，都產生那一點點的迷思。以禪釋心，以物或名色、情境示禪，已係當今藝壇心靈風的主流，也是可喜可行的一種方式，這是人類心行上的一大突破。行人學人，要視而不見，暫捨棄他不顧，只圖一己之欲求與感官，試問可乎？！當然，不乏人說：「為何不能？」禪德會說：：「何必！」或說：「不必！」或說：「各有各的興趣！」個自行化而去，不管他人行履！乍聽有理，卻大有語病在。文化之奮進，精神的提昇，不是身為文明人文化人之所共望乎？掛在嘴邊心上豈不是已久乎？今日有幸知之聞之睹之，怎不歡起心來或鼓舞以之勵行呢？不信乎，還是不肯？君且思之，這也是一種禪之思維。

〔註85〕《獅子吼雜誌》第 24 卷第 6 期，頁 65。

　　關於畫與禪的關係，清寶樹成果禪師在「畫禪偈」中說：「畫不詩禪徒畫匠，禪非詩畫不流暢；必也詩兼書畫禪，宗風今日誰唱。」古調今彈，以往明復法師都盡藏在澗底，後來借著文章以及後進的參學，一一的流露人間，會取不會取在行人自己俯仰間與眼尖者與否也。吾不會書畫，懂禪好詩文，喬科大德修密參禪有得，雅好抽象油畫，合那各自的半桶水，以會師之教化，當是不致於辜負師當年之苦口婆心託付哉！

　　法師謝世之後，師弟吳枝開心平以唯一皈依法師門徒自居。或有說：「長老在世時，雖無名山高足傳世，卻有一群學生不忘長老遺德，在其圓寂週年時整理出其著作。」都是大方便語也，師在世時高足輩出，各領風騷一方，唯獨些人不見耳。或說：「明復法師不收之弟子！」師在世時，有亟欲收之而使他入禪門宏化的人員，但各有自己的因緣，勸導無效果，師遺憾否不知；還有師晚年甚想收一義子，但其人恐引發無端諍訴，爲成全大局作罷也。師之會下學生門人眞的多矣，難以一一辨說，各自心領神會去行化，這是師之所最期望。廖喬科大德，跟隨師心之所趨地培育後進，不吝其力，所以覺知亦多，其人也平易實在，論理清晰明白，法師與之神交甚歡，因之過往密切，師視其爲可託付、可道交談心之益友兼諍友也！師一生所學深廣，見識高岸，學密、學教與淨宗頗有所得，亦獲該宗高僧大德之所肯，但還是以禪師自居，此乃法師通曉禪爲佛教諸宗教之核心之緣故也，今明爲之說，這也是修密學禪而領宗得意之幽開君，諄諄囑咐於我。

　　關於法師的禪與禪畫思想，大多已出世矣。談到畫禪，師在〈畫禪與禪畫〉一文中說：「試想，一位深於觀想的行者，澄懷觀道，能使所觀，『閉目開目，皆令明瞭』，如若用筆將之繪成圖形，又有何難。古時確曾有過把 16 觀所觀之象，一一繪成壁畫的高僧……由於所繪之圖形，並非外物的寫實，只是行者的心境。所以在鑒賞者悉心觀摩時，便能以心印心，引導他進入同一心境，而分享其法喜禪悅，故而名之爲禪畫。」師修過淨土觀觀法，是書畫家懂畫理畫史，由是更能會通古人心要，強調禪之妙用，不限在飛天、變化圖像。其說：「不過，這種畫過於謹細時，反會喪失其禪的妙用，成爲學人觀想時的阻礙。因而繪者爲達成其利濟的本懷，乃即運用巧思，就其觀境中截取一部份，藉繪畫的技巧，加以適度的處理，以便利鑒賞領悟其筆先之意，畫外之妙。這樣便由禪法轉入畫道。雖然畫筆下寫的是山水，實際上卻仍然是一心中事，未出禪法範圍。師爲研究石濤上人之名家，其引石濤原濟禪師

的詩偈來點破此中奧妙。「吾寫此紙時，心入春江水。江花隨我開，江月隨我
起。把卷坐江樓，高呼日子美。一嘯水雲低，圖開幻神髓。」〔註86〕

　　畫禪者，心不為春江花月所轉動，心中有個主，遊戲萬變，不離禪心與
禪之思維。禪之為物也，雖說難以名狀，不可以道裡計；由是閒逸之徒，掛
在嘴邊或說：「佛說不可說！」古之人卻可拈花一笑，豈不是大怪異哉！既
然古人可拈花一笑，那今之得禪心者，可拈之物可表之狀，當是多矣！行人
愛參是參不完的，修也無窮盡處，但會心者，人人皆能。古人說：「會心，
是說略懂你所說的！」真是大妙斯言。吳枝開在談到喬科的抽象禪畫，以及
抽象畫與禪畫的議題時說：「不是類似的就能叫做禪畫，抽象畫只能說是接
近世間禪畫。我們首先要了解什麼是禪畫，以及什麼是抽象畫。抽象畫是將
事物事件片段畫出，絕不是以自身的體得體會為主。何況，就算是自身的體
得體會，也並不等於禪畫。簡單而言，禪畫分為二，其一為世間禪畫，其二
乃是出世間禪畫，舉凡頓悟之前所繪的景象境地，皆稱之為世間禪畫。禪僧
頓悟後所逐一清楚分明，將之一一用繪畫表達出來，乃為出世間禪畫。原本
禪畫專指此，但因後世常有訛化知情狀，這些我們可由石濤、八大、石谿、
漸江等四僧禪畫師得知，也並不是他們的話都是禪畫，不可以混淆。」〔註
87〕他這是談到禪畫的起源、禪畫的特質，以及運用禪術語的問題。但不能
就此表示西方人都沒有禪心與禪的思維，還有行人用西方技法，如用油畫畫
出禪境，該歸類為是禪畫還是油畫？！或許如同明復法師所說的：「是禪趣
味罷了！」學人當再審細、三思其意也！

（二）禪之妙用

　　說禪，古人說：「此中大要審細！」或說：「說似一物即不中！」對立者說：
「不說一物也不中！」說與不說雖是兩頭，証之其人在日用行持當中，似有可
得之處。古人稱禪為靜慮，是一種思維修練的工夫，人人修心可會之於微妙處，
或說貴在無住生心，生何心也？！然現今學人依之以融通中西文化之精義，以
及藝術之心曲，發展出一種以禪釋心、以物示境的妙門，顯發在各種語言文字
乃至舞蹈音樂茶道武術等層面上，從百姓日用而不自知，走上真善唯美與般若
直觀結合的感覺、知覺、直覺三覺合一的心行，破除那種種無明滯障所生的顛
倒迷惘，人心清明在躬，希望歷前，走出坦蕩自然活潑的行持。禪之為人所樂

〔註86〕《明復法師佛學文叢》第3冊，頁14。
〔註87〕參見禪資訊站「禪學論壇」（禪畫與抽象畫的差異及其意義）。

用、樂道者，確實有其本質上的美好而生氣盎然的真實面存在，人人皆可成佛，信其有而非虛言也，行人借禪修心淨除薰習久染，掃泯除那種種事相作意，直取那清淨活潑之本然，人人本有且能享此如如不動之清淨覺心，此非好玄理空談而虛幻顛倒迷妄者所能識之個中奧妙，我人以平等心視之，一念回機者差可。古人乃說：「不自謾自己，不厭棄初學，不輕慢眾生；佛與眾生，無有差別，悟與不悟，會與不會而已。」今人自慢，佛祖不在心中，遠在天邊神桌邊，讓人頂禮朝拜耳，求其神佛光之加被，不自瞥見發光，以是神佛在天邊也無，妄上加妄，在外求禪道覓仙佛，真心自然不可得。

　　談到禪畫的過去未來，明復法師強調禪宗的重要性，其在〈禪宗對我國繪畫之影響〉一文中說：「宋人標出墨戲，明人始唱畫禪。畫與禪確乎不可以分割，故禪宗興，繪道昌，禪宗萎縮而畫壇冷落。中國畫名家無不俱禪家精神，他們的作品，無不是禪境的示現。畫與禪確乎是不可分的，畫即是禪，它們有共同的質地。」〔註88〕明復法師強調「禪無餘」，禪之人哪是閒暇之時書畫，其說禪餘，是附和俗話的客套語，世人不知說它是禪餘邊事。如吳枝開君說：「實無禪畫，嚴格的說，禪師頓悟體得後的畫作，方堪稱作禪畫。」如是眼高手就低了，祖師修心，說連禪也無，此教法也，教學法則不然，千變萬化也。「心是活技兒，意是巧匠工」，善於禪行者，其貴在「匠心獨運」，而不滯礙也！明復法師一生強調：「依他起性！」因緣所生法雖說是空，自性不空，行人由是接引各種根器的學人依次進學，以心傳心，以心印心，如斯則美矣！明復法師說：「因而欣賞畫，也無異於參禪。沒有禪的工夫，縱對名畫，也沒法賞識，沒法了解。目前，中國畫不但缺乏名畫家，也缺乏欣賞家。」〔註89〕被明復法師誇稱畫作有石谿之風的王壽蘐老師，都有感到現代臺灣人不懂中國傳統的繪畫，西方人很欣賞中國畫，但缺乏生態環境以及對中國文化的熟識度，她說：「我勤於到大陸去辦書畫展，是因為那邊有人還懂得這些傳統的東西，還有會欣賞之緣故！」明復法師卻說得較嚴肅，其云：「現代的中國人，實在不懂中國畫，正如不懂中國佛教一樣。我們可斷言，中國佛教，尤其是禪宗不能重振旗鼓，中國畫是難得復興的。」〔註90〕同那周慶華君在《後佛學》緒論「後佛學的幾個研究方向」文中說的，不看好俗化的人間佛

〔註88〕《明復法師佛學文叢》第 3 冊，頁 9。
〔註89〕同前註。
〔註90〕同前註。

教，因「終究不夠相應佛教的勝義解脫」。

　　師之會下，門風嚴謹，強調正知見，所以諸人到明復法師處參問，都會獲得一些眞實語，但看行人會心否。師強調教育的重要性，要出世行化，要當個經師，也要當好人師。如同書畫事，藝品重要，人品則至上矣。師跟吳枝開所說的，是還沒能教育好自己之前，先要謙虛向學，學諸行人的好處，學諸方大德的德性，而不僅看其您所不認同的不是處。師一生點撥之人，多矣，如今在教內學界都已漸嶄露頭角，未來都是龍子，各領一方風騷，由是難免有諍論議題，彼此交換心得也是大有好處。古人說：「學出於師減師半德，學過於師方堪傳授。」諸人體得的，各有其直觀處妙境，難以說非說是。總之，人之禪心，俱主一切，萬德萬能，是一種心境上趨進之行門，不偏詮釋慧解，其妙處在絕百非泯千是，但善巧者卻可任運含攝，用諸妙法，引發眾生根性向善境趨進而去。

（三）以禪釋心

　　今有喬科君，以禪釋心，以抽象油畫示境，接引觀賞畫者瞥見本心自性，融通東西文化心義之精髓，捨我其誰，其心意深宏矣！古德參禪，或說無始無明、俱生無明，君以爲此乃：「繞舌語也，把眾生成佛的信心又壓抑下去也！」一念回心，人人皆可成佛，如明復法師說的：「君不見乎？晚唐宋初燈錄所載諸禪師，個個是佛！」好修心道禪者，當更加有此信心，後人不忘古德遺風與流芳，莫若如修淨土者，逢人便問：「今生能帶業往生否？」或如一些不了解禪淨密問題者，人問：「是禪屬於密，還是密屬於禪？」還要法王回答說：「我們認爲密乘，是從禪定修持的嚴密發展而成。」〔註91〕喬科說：「禪對學佛者來說，是一大秘密！」靈山會上，迦葉破顏拈花一笑，是一大公案，但從達摩西來東土，數傳至六祖慧能，禪心已是普傳，不是秘密矣，行人會與不會、行與不行、肯與不肯耳。君深入密、禪行門有得，一日吾拿諾那普傳眞言集等與東密五智山聖如意輪修持儀軌給他瞧瞧，他說：「這些行門，如同華藏惠敏系，已漸捨藏密事作行瑜伽，而強調以禪之無上瑜伽爲基礎，來修持密法。」捨繁入簡，直趨佛之妙道，當是現代人學佛之最最方便與最捷徑也。法尚非法，何況非法，學佛者當知歷代諸佛、祖師之門路與宗旨爲要，才不枉屈此生。平時吾人皆好稱是學佛人，如是當體撕省察於：「安住大乘心，

〔註91〕聖嚴法師、達賴喇嘛，〈心的對話〉，頁89～90。

善開方便門。」禪門是守清心戒體，所以喬科大德破斥心平，要稱師之門徒，「不清心，諸善功德，不得昇起！」何況論禪釋心，都是空話一場，白拈七也。而心平則非其「抽象禪畫」，是抽象畫何禪之有也！師弟論戰，你來我往，比師在生之年有趣多了！至於禪、淨、密有何差別，明復法師會下曾討論過此話頭，師說：「即禪即淨即密！」直顯各宗心要，如某大師所說的：「禪，是佛教諸宗派的核心！」如是禪與心合在一塊以說，是眾生之本有，西方人豈都不會禪心？！東方人豈都不可以用西方技法，如抽象畫來示禪、釋禪乎？或人問大師：「何謂抽象畫？」大師答說：「在我心中，畫是具象的；在你們的眼中，畫是抽象的。」畫加上一個禪字，亦復如是。畫是思維後畫下來的，說是抽象畫可，再美其名說是禪，實是畫蛇添足了，通俗地認之亦可，但在別人眼中還是抽象畫。有心者，試想一想這些話頭。法法平等，雖然橫說豎說可通，但莫使方便趨於下流、落入低俗。

六、結　論

　　明復法師有其勇於承擔的一面，如病魔來襲以及教化學子等，識得來時路的行者〔註92〕是豁達的，其禪行是無餘的。記得師弟赴日求學，念及盤纏問題，黃運喜君說：「那沒你的事！」今日思之，很有見地，和尚有佛事要做，有願行要去圓成，俗人我只先關心好自家的俗事，時或出力護持佛法；如是「個個皆人模人樣」，教團自然和合，何事不難成辦。關於青少年學子，明復法師是關照不少位，不大計較其人出家與否，如同南亭法師所思考的，一切隨人的機緣而定。

　　談到明復法師，黃運喜在〈閒話平生〉一文中說：「在研究期間（民國73），因厚觀法師的介紹，有幸認識佛教史前輩明復老法師。承蒙法師的慈悲，邀請我與同學賴建成君共同編輯《獅子吼》月刊，並進住佛教名剎松山寺。白天，我們幫老法師整理近現代佛教史料，因老法師在撰寫《白公上人光壽錄》後，有意將所搜集之史料彙編，整理成為《中國近現代佛教史料彙編》，並預計出10輯，每輯冊數則視資料多寡而定。每月抽出一些時間編輯《獅子吼》月刊，晚上則聆聽老法師開示。從佛教史、佛教藝術、禪學、佛門人物到法師自述生平與治學，無所不談。我們除洗耳恭聽之外，也不忘儘量挖寶，找

〔註92〕釋明復〈識得來時路——中國古人的生活禪趣〉，《國文天地》第7卷第2期（民國74年6月，嘉祥圖書有限公司），頁21～24。

一些問題向法師請益。在前後 3 個月的朝夕相隨，與數年的親近中，確實培養出治佛教史的格局與氣勢，這是從別的地方學不來的。」〔註93〕明復法師的願行，由〈與道老談佛教教育〉一文，可以看出，不管在藝術、教史，或者是接引後學上，悲心是真切的。由白聖長老的《中國佛教月刊》〔註94〕到辦理《獅子吼》刊物，分化出《佛學譯粹》與《佛教藝術》，找專人護持，惜開頭艱辛，承繼更難！其成效，如同法振法師在〈遙寄常寂光中的安公和尚〉一文中向道公述說的：「你，時刻以獎掖後進、振興佛教弘法利生為懷（中略），推進國際佛教關係，雖然遭遇了重重的魔難，到底植下了無數的菩提根苗，並且都不斷的成長茁壯。」〔註95〕道公與明復法師間，是亦師亦友的關係，如「道公真影詩」所贊曰：「智晶徹而誼卓越兮，誠法王之嫡胤；爛言幽而輝窅冥兮，彰前脩之懿方。言為崇峻以千仞兮，胡伶韻而獨逝；豈曦之浴乎咸池兮，行史耀其景光。丁巳年後學圓山明復拜撰。」一回，與明復法師到松山寺大殿旁開山堂裡，靈根師跟我說：「建成，這是你師公的畫像！」道公與明復老，皆是為佛法忘軀者，所辦的事業或有不成，其精神是一致的，維護佛教傳統與師說，力求佛教能走入工業化的社會裡行化，濟物利生；教導僧人為人天的表率，並培養青年學子，期使僧信兩種教育啣接得宜，佛法世法兼顧，行化更利。在禪教方面，明復法師說：「道公是懂禪的，其才華奔放，惜來臺後受限於臺灣佛教的生態環境，所以不能大有表現。」他倆惺惺相惜，常各紓己見，希望有生之年得以落實，惜好事總是多磨，魔難一直考驗著他們倆人的真誠！貢噶老人在道公的敬輓上寫著：「深院落藤花，石不點頭龍不語；殘經凋貝葉，香無幾飛篆罄無聲。」〔註96〕他們一生留下不少文字禪，直讓後人看取憑思。我從年少以來，粗學多聞，此心常虛妄落寞，遇明復法師之後，「由虛心聽學故，覓得一些真消息。」今為之作贊曰：「調與時人背，虛心尋消息；唯將靜者論，盡藏在澗底。」我每回見到法師，常見的是他一如往昔的「精神炯然」、「眼光如炬」，說話常伴著呵呵的笑，時帶嚴肅狀，偶是默然狀！總之，從《獅子吼月刊》到禪話層面，在在顯示明復法師從「師

〔註93〕《風城法音》電子報 64 期，2003 年 9 月 16 日。
〔註94〕釋白聖〈為本刊革新號說幾句話〉，《白公上人光壽錄》，頁 810～812。其刊物要從佛教、佛學，擴大到哲學、文學與藝術方面。從其篇幅與內容及作用來看，跟《獅子吼月刊》是一貫的。
〔註95〕《道安長老紀念集》，頁 27。
〔註96〕前引書，頁 297。

家下座」，走上「身教言教」之路，他與道安法師皆秉持佛事是「守清淨戒師家」的志業，所以該成辦的事，就會奮不顧身的去實現，但旁人總說：「到了該修養生息之年了，怎不罷歇？！」師放下於此，此生禪已無餘。

圖4-1　印順法師墨寶

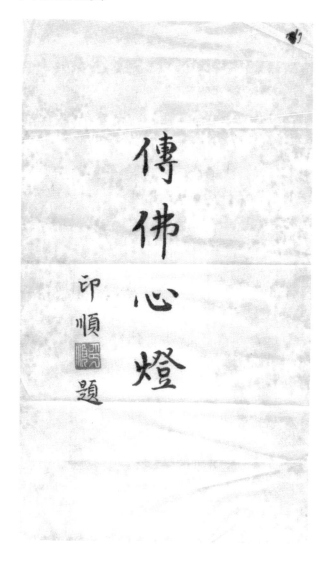

圖 4-2　明復法師與如虛法師

圖 4-3　印順法師題字

圖 4-4　《獅子吼月刊》封面

圖 4-5　明復法師會下學人

圖 4-6　明復法師與密宗

圖 4-7　明復法師題水仙花禪詩

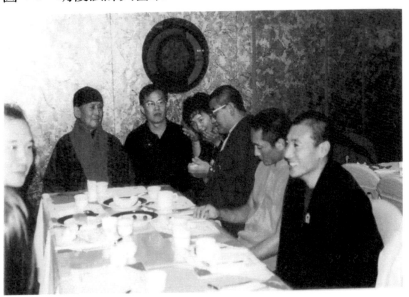

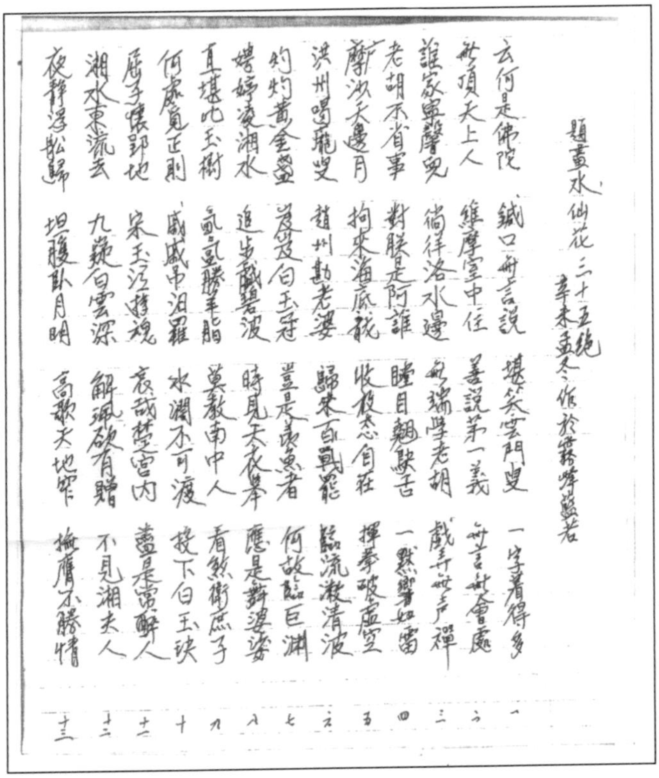

題畫水仙花　三十五絕　辛未孟冬作於霧峰蘭若

一　云何是佛陀　緘口無言說　撚笑雲門叟　一字著得多
二　無頂天上人　維摩室中住　善說第一義　無言無會處
三　誰家寧馨兒　徜徉洛水邊　無端學老胡　戲弄無戶禪
四　老胡不省事　對朕是阿誰　瞠目翹缺舌　一默響如雷
五　摩挲天邊月　拘來海底藏　收放恣自在　揮拳破虛空
六　洪州喝罷叟　趙州勘老婆　歸來百戰罷　臨流潑清波
七　灼灼黃金盞　岌岌白玉冠　豈是袁惠者　何故臨巨淵
八　婷婷凌湘水　追步戲碧波　時見天衣舉　應是舞婆娑
九　直堪比玉樹　氤氳勝羊脂　莫教南中人　看煞衛庶子
十　何處覓正則　戚戚弔汨羅　水潤不可渡　投下白玉玦
十一　屈子懷郢地　宋玉泣精魂　哀哉楚宮內　盡是常醉人
十二　湘水東流去　九嶷白雲深　解珮欲有贈　不見湘夫人
十三　夜靜浮舩歸　坦腹臥月明　高歌天地窄　撫膺不勝情

圖 4-8　明復法師致作者信扎

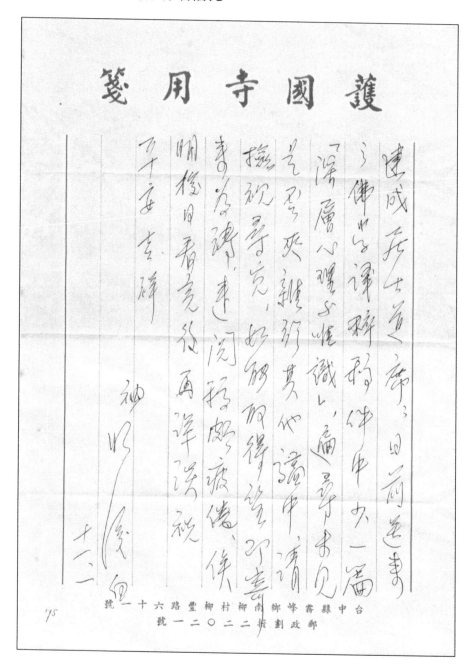

圖4-9 為明復法師賀壽

圖 4-10　獅刊聘書

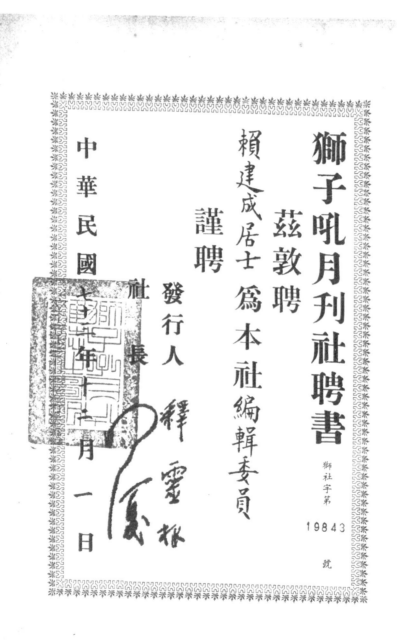

圖 4-11　明復法師所贈的缽

圖 4-12　參加研討會

左起明復法師、傳道法師、慈惠法師

圖 4-13　明復法師鑑定過的錢幣

圖 4-14　判官圖——吳枝開仿法師臉形而作

圖 4-15　明復法師與會眾

圖4-16 明復法師讚王壽蘐

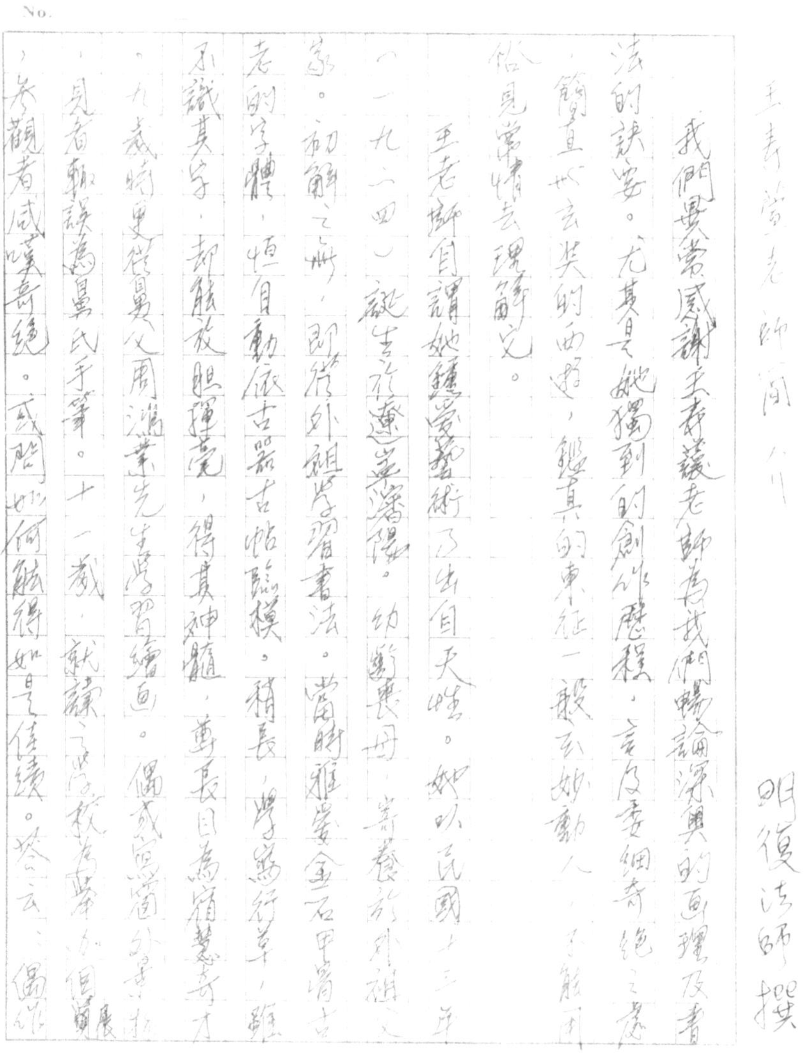

我們異常感謝王壽蘐老師為我們暢論深奧的畫理及書法的訣竅。尤其是她獨到的創作歷程，言及委細奇絕之處，簡直如玄奘的西遊，體真的東征一般，令人不能不俗見常情去理解之。

王老師自謂她鍾愛藝術乃出自天性。她以民國十三年（一九二四）誕生於遼東蒡潯陽，幼與東母等養於外祖之家。初解之無，即於外祖家習書法。當時雅愛金石里畫書法，不識其字，卻能放照臨寫，精長，尊長目為宿慧天才。

老師字體，頃目動底運完，得真神髓，九歲時史始異人周瀚業先生教習繪畫。偶或病痛以求不識其字，就讀心教作業方自習，見看勤誘為萬氏手筆。十一歲，就讀心教作業方習畫…

）美觀者咸嘆奇絕。或階世何能得如是佳蘐。答云：偶作…

圖 4-17　《獅子吼》停刊

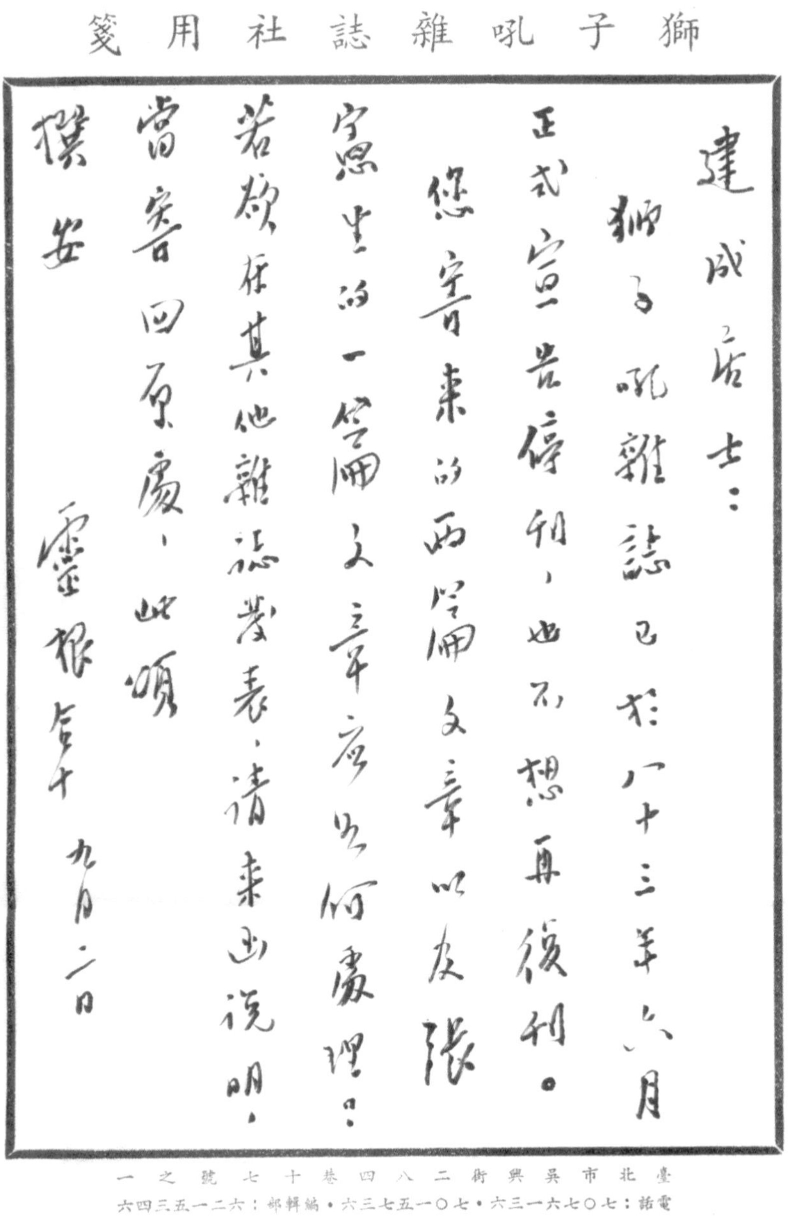
獅子吼雜誌社用箋

建成居士：

獅子吼雜誌已於八十三年六月正式宣告停刊，也不想再復刊。您寄來的兩篇文章以及張寬忠的一篇文章應如何處理？若欲在其他雜誌發表，請來函說明，當寄回原處，此頌

撰安

靈根合十　九月二日

臺北市吳興街二八四巷十七號之一
電話：七〇七六一三六・七〇一五七三六・編輯部：六二一五三四六

圖 4-18　紀念明復法師

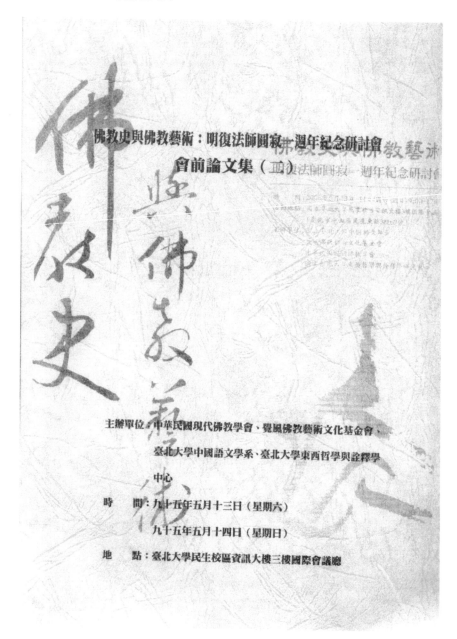

圖 4-19　道安與明復法師

我們懷念　道安長老

山中

晨間，我正在獨坐暝思，一陣門鈴響聲，遏止了不着邊際的思潮。

老和尚陪着兩位曾似相識的客人進入室內，握手寒喧，纔知道他們是由海外歸來的學者，都是道安長老的皈依弟子。

「十幾年前，我出國時，來向道老辭行，就在這裡談了一個黃昏。今日歸來，這裡的陳設依然如舊，只是人事全非，難道這就是世事如幻，無常迅速嗎？」

「這房裡一切陳設，都沒有動過，和道老生前一模一樣，那邊有塊小墨板，道老在上面寫的字，都還完完整整保留着，你可以去看看」。

「老和尚，我在國外曾讀到一篇紀念道老的文章，裡面有一段憤歡道老往生太過快速，說是：他這樣遽然放下擔子去了，中國佛教像今天這樣遲緩的進步，至少要停止十年八年。而十年八年之後，又不知要發生甚麼併發症。那篇文不知是誰寫的，讀過的人，都深具同感，稱讚作者有眼力」。

「那篇文章我也讀過，就是這位法師的大著」。

「見笑，見笑。不過那篇文雖是出自我的拙筆，而說話的卻另有其人。因爲其處境特殊，今天不便洩露其眞名」。

「現今道老往生已竟八年了，這麼漫長的歲月，國內國外，種種變化，一言難盡，豈不是處處皆可證明他這句話確實是孤明先燭，教人怎能不由衷的欽佩」。

「不過我雖在文章裡寫了他那幾句話，卻不敢苟同他的見地。我覺得他的觀點，『英雄主義』的色彩過重。或者說過份的崇拜『明星』。這樣去評論人物，或鑽研世事，都會迷失眞象，墮入情緒的漩渦，無以自拔」。

「新鮮，英雄明星有甚麼不好，凡是出類拔萃的人物，不就是英雄、明星嗎。一個團體如果沒有英雄，沒有明星，這種團體如何會長久存在」。

第五章　臺灣佛教的發展與信仰的特質
——兼論觀音靈感與圖像信仰

提　要

　　臺灣的宗教與民間信仰，有極為繁複的內容，還有其存在的功能性，使其在科技發達、物質豐厚、變遷快速的社會中活續著一些香火與行動，甚至得到一些人士的崇信。〔註1〕佛教中國化之後，佛教的一些東西被民間信仰所融攝，如法會儀軌與觀音崇拜，產生了所謂的「民間佛教」。早期臺灣的社會民眾，大都是從大陸沿海移民來定居的，移民者為了生存、安定、發展上的需求，帶來了所信的神祇，目前較為興盛的 4 位大神則是佛祖、觀音、關公與媽祖。臺灣經過日據時代、臺灣光復，然後是邁向現代化、全球化的過程，臺灣人所受的挑戰未曾停歇，因此在宗教信仰上的需求，照樣十分迫切。因此，不僅制度性的宗教面臨挑戰與轉型，民間信仰也在雜揉教義與混合儀式，以應合俗世人的追求現世福報。傅佩榮說：「宗教淪入功利與俗化而不自覺，信仰就很可能變質為迷信。」〔註2〕因此，佛教信仰的本質、臺灣佛教在時代發展中的主體性，還有所該扮演的角色，一再的被學者專家提出來討論。佛

〔註1〕　傅佩榮在〈由宗教哲學對兩岸宗教文化的初步反省〉文中談到「臺灣的宗教現象」時說：「臺灣宗教現象一向非常複雜，以制度宗教與民間宗教二分的方式來說，制度宗教在臺灣一直沒有重大的突破，目前仍以佛教信徒最多，但總數大約 100 萬人。基督宗教方面，包括天主教與基督教各派的信徒，總數大約 70 萬人。其他具有普世性格的制度宗教，都未能超出上述二教的信徒人數。相對於此，民間宗教則廣受歡迎，臺灣地區成人受訪者有百分之 65 相信民間宗教。」《兩岸宗教現況與展望》，頁 82）
〔註2〕　傅佩榮，前引文，《兩岸宗教現況與展望》，頁 82～83。

教在現代化社會的進程中，有哪些隱憂呢？同樣也是佛子們關注的重要課題。

　　關於臺灣佛教的發展特質，還有其所產生的內外部問題，以及因應之道，本文除了「緒論」與「結論」之外，分「臺灣的宗教活動」、「民間信仰與佛教」、「臺灣佛教問題」、「臺灣佛教的發展」、「臺灣的觀音信仰」等五個單元，來加以論述。佛教界，除了要面對臺灣佛教的內外部問題之外，對於民間佛教的狀況，也投下不少的關注，尤其是民間信仰與觀音信仰的考察，這是正信觀念使之然的，而不僅是為了純藝術或純研究興趣。

　　關鍵字詞：宗教活動、民間信仰、觀音靈感、觀音圖像、佛教發展、佛教問題

一、緒　論

　　臺灣光復以前，臺灣的齋教信仰很是繁盛，又加上大陸來臺僧人的宏化，以及解嚴後臺灣社會多元化的進展，使得臺灣宗教信仰的特質與面貌一再地轉變，連稱呼的術語也是一樣。在臺灣憲法保障個人宗教信仰自由，宗教信仰的正邪問題，逐漸地淡化成宗教信仰者個人的問題了。當前臺灣的民間信仰，有極為繁複的內容，還有其存在的功能性，使其在科技發達、物質豐厚、變遷快速的社會中活續出一些香火與行化，甚至得到一些人士的崇信。當中，不乏佛、道思想與修持的成份，還有生命禮俗、巫術通靈等超自然現象，也有心靈昇華兼具濟世度人的層面，很值得我們去關注。如會靈山與觀音信仰，是當今社會常見的民間活動，鄭志明教授在〈臺灣靈乩的宗教型態〉一文中說：「會靈山不是純粹的進香，是一種帶領信徒開發自我靈源的宗教活動，在會靈與調靈的過程中，協助信眾解決有形、無形的各種生存困境。」〔註3〕對於民間信仰，有些正信的佛教徒持著不以為然的態度，說它有礙臺灣現代化的腳步。如李世偉、王見川在〈臺北艋舺龍山寺民間佛教性格之歷史變化〉文中說：「過去那種幽雅的氣息一掃而去，取而代之的是濃厚的市井商業氣息，加之流民充斥其間，廟方難以管理，自然更不利於佛教的發展。」〔註4〕而性澄法師在〈從佛法的修學談宗教境界〉文中說：「任何宗教要存之於社會，

〔註3〕　鄭志明〈臺灣靈乩的宗教型態〉（2004年，大元書局《宗教與民俗醫療學報》），頁22。

〔註4〕　《第一屆當代佛寺建築文化與經營管理研討會》「論文p」，民國91年12月中華佛寺協會。

必須要有社會的適應性，假如一個宗教無法適應當代的社會，再好的宗教也要退隱，佛教亦不例外。」〔註5〕猶太教在中國，臺灣的一些民間信仰以及本土化了的佛教，也是實例。

　　政府播遷來臺之時，臺灣的民間信仰與齋教，深深地影響到佛教的發展，這些現象可由巨贊法師的〈臺灣行腳記〉，〔註6〕得以窺知一二。當時的佛教，雖不乏名山高僧，但後來的發展主要是停留在淨土唸佛、精進禪七與道場經懺事業之上，這由李炳南居士與煮雲法師的行化，以及悟明長老的傳記中得見。而隨著白聖、道安、印順諸山長老的宏化，臺灣佛教在戒壇禮儀、社團發展，還有教理的詮釋上，有著長足的進展；在六七十年代，隨著教育普及，居士佛教興起，各種派別的宗師輩出，加上檀信的不吝布施，佛教蔚之勃興，在佛教與社會的接觸更加劇烈下，引發出各種問題。但這些問題，不全然是由佛教產生的，而是部份原本就存在的社會問題，如佛教與民間信仰以及神壇、通靈問題，一貫道合法化後與佛教教團競爭白熱化，還有出家與在家信仰問題，以及捐獻與身心靈醫療問題。

　　佛教界長老如星雲、聖嚴法師都強調正信的重要性，但有些學者專家卻強調「臺灣佛教的主體性」，還有面對現代化社會的一些具體措施，而民間佛教問題，同樣受到宗教界與學界的重視與關注。

　　而民間人士不同於宗教界與學者專家，他們重視信仰問題，崇奉觀音或持誦觀音咒所在多見，她們祈求的是現實的實惠、平安吉祥。臺灣的觀音信仰，有其歷史背景，據邢福泉在〈臺灣佛寺之歷史背景〉一文中說：「在清代一般平民所興建之佛寺中，多數均供奉觀音。在臺北地區，所有的早期佛寺，如龍山寺、凌雲寺、西雲寺、地藏庵與壽山寺均供奉觀音。供奉觀音之流行，應與臺灣之地理環境及多數臺灣移民之風俗習慣有所關連。」〔註7〕自福建泉州來臺之移民，多數將其原籍佛寺中供拜觀音時的香灰隨同攜來。〔註8〕自粵東來臺之移民，亦流行供奉觀音。〔註9〕香灰信仰與觀音信仰之流行，使得觀

〔註5〕釋性瀅〈從佛法的修學談宗教境界〉（民國87年11月，《圓光新誌》42期），頁15。
〔註6〕黃夏年主編《巨贊集》（1995年12月，北京中國社會科學出版社），頁450～460。
〔註7〕邢福泉《臺灣的佛教與佛寺》（民國70年5月，臺灣商務印書館），頁11。
〔註8〕黃啟明〈艋舺與龍山寺〉（1953年，臺北文物第2卷第1期），頁47。另見李根源〈艋舺寺廟法〉（1953年，臺北文物第2卷第2期），頁41。
〔註9〕林衡道〈獅頭山附近各鄉民間信仰調察〉（1962年，臺灣文獻第13卷第3期），頁107。

音至今仍爲臺灣佛教中最受信徒敬拜的因素之一。〔註 10〕隨著時代發展的腳步加劇，宗教界分香分靈的現象與觀念，也轉變成各寺廟宮院間的交誼情感與聯絡活動，這是很值得研究的現象。

二、臺灣的宗教活動

　　看待民主國家多元化社會的宗教活動，宗教學者可以比護教的宗教家更宏觀、更寬厚、更持平的心態去思量。就西方人或理性的角度來看，臺灣的宗教信仰活動，如拜拜、禮敬佛菩薩神明，不失爲一種心靈慰藉、諮商，還存在著人我、人神的對話，不能一概以迷信視之，說它沒功能性，或如中共學者說此行徑危險，都是一種偏見。吾人關心人類心靈活動者，當以更審密的態度去看待它、觀察它。還有，民間的神壇靈乩，有不少精英，受到佛道修持觀的影響，逐漸走上強調個人的修爲與濟世的情懷，不單是通靈、扶鸞、說乩文現象而已。鄭志明教授說：「有的靈乩意識到，靠靈感神話來修行，是不足的，重視自性救劫的修行法門。」〔註 11〕因爲「無極天的各種旨令，是要眾生自明本性，達到原靈自修自證的境界，才能修眞返本會果元。」〔註 12〕當今社會上的民間信仰，也強調「以仙佛來啓發自我明心見性，以法門來開啓眾生自性，肯定自性售宇宙，自性就是仙佛，重視人體的自我修持，經由生命的自我實踐與完成，達到道化人生的境界。」〔註 13〕這樣的理趣之下，佛道都重視《六祖壇經》與《佛說般若波羅密多心經》了，只是慧解與修持方法不同，而佛道同樣崇拜佛陀與觀音。〔註 14〕這不僅是信仰問題，而是心智增上的現象，而儒、佛人士同樣喜歡出污泥而不染的荷花與蓮花。

　　談到修行，諸宗教都有論及神通事，而佛法的修行方法很多，但總脫離不了隨根器受學。黃智海在《佛說阿彌陀經白話解釋》「序」中說：「還有些方法，做起來若是不十分明白裡頭的道理，往往就要著魔。」〔註 15〕佛教講

〔註10〕 釋迦牟尼與觀音，爲臺灣佛教徒供奉最多的佛像，見劉枝萬〈清代臺灣之寺院〉（1963，臺北文獻第 6 期），頁 48。

〔註11〕 鄭志明〈臺灣靈乩的宗教型態〉，《宗教與民俗醫療學報》，頁 27。另見〈臺灣新興宗教的救劫運動〉，《《華人宗教的文化意識第一卷》（2001 年，臺北宗教文化研究中心），頁 189。

〔註12〕 《母娘慈音寶訓》（2002 年，臺北鳳凰道院單道經典研習班），頁 75。

〔註13〕 鄭志明〈臺灣靈乩的宗教型態〉，《宗教與民俗醫療學報》，頁 27。

〔註14〕 參見無垢子《心經註釋》，臺北板橋三揚印刷企業。

〔註15〕 黃智海演述《佛說阿彌陀經白話解釋》「序」（82 年 3 月，世樺印刷），頁 1。

聞思修與信願行，佛之本懷，尤為所重。他還出版了一本《心經白話解釋》，其說：「看的居士們，倘然看了能夠完全明白，自然最好。若是還有不明白的地方，也不要緊的。只要多看幾遍，多念觀音菩薩的名號，慢慢的自然會開悟的。儘管放心學習上去，千萬不可以怕難生退心，況且在《朝暮課誦白話解釋》的前邊，還有一本叫《佛法大意》，也完全是白話的。」〔註16〕佛教理趣的部份，老實說「不是用白話能夠解釋明白的」，它是實修實證的東西。當前臺灣宗教界的教團間爭訐現象，部份是來自對教義的論點與修持的功夫問題。

　　至於民間佛教，以前也被稱為是民俗信仰。關於民俗宗教問題，牧田諦亮在〈中國民俗佛教成立之過程〉「民俗佛教的義」文中說：「一般人所認為的支持中國佛教發展的教義，雖然其本身自有立場，但這究竟能否作為庶民佛教信仰的基礎，則仍有疑問。關於這一點，有人認為明、清儒釋道三教融合的宗教，才是中國民間所接受的佛教面貌。如果說民眾道教一詞，可以成立，則民俗佛教一詞，也可以成立。民俗信仰，乃是鄉野之間長年傳承，沒有一定範圍的自由的信仰。這種信仰，在觀察中國接受佛教時，是必須考慮的。現今，由僧侶所傳承的教義的發展，以及庶民佛教信仰的發展之間，實很難看出關連性。」〔註17〕這也就是說明了一個事實，臺灣傳統的佛教寺院，與民間佛教信仰間，有關連性也有差異處，有的還帶有三教融合的影子，甚至是婆羅門教的神祈崇拜的餘習，被納入民間宗教信仰之中，久之習以為常，千手千眼觀音就是其一，準提咒也要列入考察。（2003，中國社會科學院《佛教的真言》）因此，佛教中人自說，有所謂的教內外的外道，還有附佛外道，以區別那正純的佛教信仰。至於正信、邪信問題，說穿了佛教無所謂正邪問題，要引導學人入佛門，才說正知正見，那是一種教學法，是一種趨進佛道之路；但是世間不乏護教心切的教徒，看邪如何顯正，這也關涉到個人的修持與知見問題。

三、民間信仰與佛教

　　宗教與國家發展，也是一個課題，宗教團體是社會中的一個特殊社團，

〔註16〕黃智海《心經白話解釋》「序」（佛教出版社），頁4。
〔註17〕關於中國民間的僧伽信仰，參見日人牧田諦亮《中國佛教史研究第130》（東京：大東出版社，1984）第三章〈中國における民俗佛教の成立過程〉甲篇〈僧伽和尚〉，頁2。

在時代發展中，它如何保持傳統又能深具發展性與競爭力，是蠻受重視的。
這關涉到民間宗教與佛教之間的關連性問題，馬約翰博士在〈從文化人類學
看民間宗教與佛教〉文中說：「至於民間宗教的興盛，是不是會阻礙臺灣社會
的現代化這個問題，需要分別為說。就個人來說，扶鸞等民間宗教也許會阻
礙其思想、人格的現代化；但是，一個人的思想、人格是傳統的，非現代化
的，並不一定會阻礙整個社會的現代化。」「如果社會對民間信仰能寄以適當
的同情，甚至善用這些美好的思想，不但對經濟發展沒有阻礙，反而有助於
臺灣社會的現代化。」有人建議佛教徒，「認真地、心懷慈悲地正視民間信仰
所可能隱含的社會問題。」馬約翰博士認為，「廣開其他可以讓人們出人頭地
的道路，這樣受挫折的人們大量減少，他們就不會轉入扶鸞等民間宗教上去。
當然這牽涉到經濟、政治的革新，不是一時所能說清楚的。」〔註18〕他認為
佛教要走上現代化，必須具備五個條件，一要是有一個自力成長的經濟結構，
二是要有一個公眾參與的政治體系，三是要有一個流動的社會形態，四是要
具有世俗的與科學的思想觀念，五是要有能夠適應不斷變遷的人格。而佛教
的現代化問題，相當的廣泛，不是一朝一夕可以完成。這當然要佛教界信眾
們共同來努力了。佛法廣大精微，包羅萬象，所有入世出世的一切諸法，皆
在其範圍之內。

　　在佛陀教育基金會編《佛學入門》「36 佛門分宗的理由」文中說：「歷代
佛門大德，其所修證傳持之法，既各有不同，則其所根據以化導後進者亦異，
由是各立門庭，勢所不免，這皆是佛門分宗的理由。有人以為分宗是佛法的
分裂，其實分宗乃是分工合作，譬如醫院裡，雖然分為內科眼耳等多科，然
而惟有這樣，纔能完成整個醫院的體系和工作。」〔註19〕美其名說分工合作，
但古來大德說產生諍訟，是行人有常情鄉愿與欲望薰習久遠之故，佛門不免
如俗世有賢達與不肖者。

　　時下人看佛教，還如同趙樸初在〈佛教與中國文化的關係〉一文中所說
的：「佛教文化，是中國傳統文化的一部分……自從東漢初年佛教傳入，經歷
了近兩千年的歲月，它已經滲透到中國社會的各個領域，並產生廣泛的影響。
〈中略〉要研究佛教與中國文化的關係，必須先弄清楚什麼是佛教。現代一

〔註18〕馬約翰〈從文化人類學看民間宗教與佛教〉，收錄於楊惠南 1990 年 10 月東大
　　　　圖書《當代學人談佛學》，頁 21～23。
〔註19〕《佛學入門》，民國 87 年 2 月佛陀教育基金會。

講佛教，有的人會說，不就是燒香磕頭，求神拜佛嗎？把佛教看得過於簡單化。我看毛病就出在只看到較低層次的佛教表面現象的一個側面，對整個佛教缺乏全面的了解。我們佛教界要克服歷史遺留下來侷限和缺點，爲今天建設兩個文明服務。」他說的是，「以人間佛教入世度生的精神，爲社會主義四化建設服務。」〔註20〕結果，人間佛教的一些概念，落實到臺灣的社會上。如觀音信仰被齋教與民間信仰所容受，就是一個實例，但其結果是變得儒、釋、道思想的融涉，客觀來說有其實利性，但就佛教徒立場，思想與圖像常被扭曲了，失卻了正信的概念，對護教心切者來說存在著一種隱憂。

社會上對佛教產生片面的看法，部份是跟我們佛教徒本身的缺點有一定的關係。中國佛教由於長期的衰落，就其本身來說，存在著不少缺憾和侷限性，解嚴後的臺灣佛教其面貌更是不同。〔註21〕修持的宗教沒落了，人間佛教轉盛，對於人間佛教，宏印法師在〈太虛、印順的人間佛教思想〉一文中說：「原始佛教解釋兩足爲六道中人道眾生頂天立地用兩腳走路，而人道當中最尊貴的就是佛陀。所以我們要有一個體會，人間的佛教是肯定人道的，肯定人對生命的自我覺悟，這種自尊、自力、自覺。覺他，是人間佛教的根本精神。如果佛教只是那種寄託的宗教、依賴的佛教、祈求的佛教，學只學到寄託、依賴、祈求、迷失、找依靠，這都喪失了人間佛教的特色。」〔註22〕這很明顯的是論及民間信仰中的佛菩薩加持與祈求觀音靈感。

正統的佛教，重視修持，雖然有其濟化活動，但跟民間信仰相較之下，比較沒有地方意識，也不祀一般鬼神。而臺灣的傳統佛教，卻相當的民間化，表現出與正統佛教（通稱正信佛教）特質殊異，如臺灣有很多觀音廟，供奉

〔註20〕趙樸初等《佛教與中國文化》〈1988 年 10 月，國文天地雜誌社〉，頁 3～10。
〔註21〕關於當代臺灣佛教的現象與特質，參見楊惠南〈〈解嚴後臺灣新興佛教現象及其特質──以人間佛教爲中心的一個考察〉〉，2007/06/11 臺灣佛教近年來雖呈現蓬勃發展的景況，但急速擴張的結果，仍爲許多學者所憂慮。首先，每年鉅額的捐款，使得各山頭在擴建之餘，已呈現資本主義化、擴張競賽等弊病。其次，各組織團體均各依附於某位高僧之下，學者擔心如此龐大資產在這些高僧之後，是否能有足夠號召力及能力之繼承者，使得來不易之成果得以維繫。甚且在各山頭各自爲政，進行資源競賽之時，常出現同性質之建設或事業，如佛教學院、研究所的爭相設立等，形成資源重疊、浪費的情形非常嚴重。諸如此類，均是無一具號召力的組織或高僧，始形成的分散、各自爲政情形。（歡迎佛乘宗之友──平凡草堂交誼廳部落格）
http://tw.myblog.yahoo.com/jw!.OxOPh2GERS7gjbeCvnASA--/article?mid=3226
〔註22〕釋宏印《宏印法師講演集》〈民國 88 年 8 月慈濟文化出版社〉，頁 19。

佛教的觀音菩薩或觀世音菩薩，其信仰已相當的民間化；因此，觀音廟裡，成爲主神而被祭祀的觀音菩薩，其實已經和佛經裡的觀世音菩薩有很大的差距。祂已然是神明，所以也和其他神明一樣具有神格、神性、神威、神力等，也一樣可以成爲某一地方的保護神，因此有依祭祀圈範圍大小而區別的角頭廟、村廟、聯庄廟與大廟性質的觀音廟，甚或發展成區域信仰中心的觀音廟，在臺灣都可以找到例子，其中當然以村廟性質的觀音廟爲數最多。臺灣的觀音廟，常被學者以「民間佛教」的概念來加以理解。（陳文祥，1985；黃運喜，2001；李世偉、王見川，2002；顏尚文，2003。）臺灣的觀音廟，雖然多有取名爲「寺」的傾向，但是名爲「宮」者，亦所在多見。學者們在臺灣各地調查研究地方上的公廟時，當留意一些現象。例如南投宋草屯鎮有觀音廟，彰化媽祖信仰圈內也有許多的觀音廟，而高雄縣的地方公廟中，觀音廟占第四順位，僅次於王爺、媽祖和玄天上帝。（林美容，1997：418）在觀察這些地方性的觀音廟的時候，當看其取名爲「寺」、或者是取名爲「宮」，並且詢問祭祀時是用素的，還是用葷的；除此之外，觀音廟和其他地方公廟無論就外觀上、或管理上、或組織上，乃至於祭祀活動上，大體上沒有什麼差別。因此，我們可以將觀音廟歸屬於「民間信仰」的範疇。

　　臺灣地區開發較早的街鎮或是市街中，往往有觀音亭，其祭祀活動通常是街市中的年度盛事，特別是中元祭典尤爲盛大。觀音亭和觀音廟一樣，都是地方性的廟宇，唯一的差別是觀音亭通常存在街鎮或市街中，有時雖不免受限於街隅地狹，建築規模受限，但因街市信眾多，祭祀活動反顯熱鬧，而街市的位置，有時也讓觀音亭成爲猶如鄉鎮型大廟的地位。〔註23〕佛教學者對於民間化的佛教信仰，比較會站在其是否會轉型爲正信的立場來思考，而宗教管理或輔導者，也會有此企圖，不斷地舉辦各類型的研習會或研討會。〔註24〕如顏尚文把嘉義市崇奉觀音的寺廟分成三類，即官建的觀音廟、齋堂、民間的觀音廟，而以「民間佛教」一詞專指第三類的觀音廟，而其論述嘉義市觀音信仰的發展，完全站在佛教徒的角度來說明其是否轉向正信佛教的發展，或是有無可能往正信佛教發展。（顏尚文，2003）。當中的盲點是，

〔註23〕〈臺灣觀音信仰的主要型態——兼論民間佛教與民間信仰的關係〉
　　　　http://www2.wunan.com.tw/download/preview/8u10.pdf
〔註24〕關於宗教人士對於民間佛教與正信佛教的問題及其努力，另見賴建成《臺灣民間信仰、神壇與佛教發展之省思——臺灣宗教信仰的特質》，2006年12月東大圖書公司。

田野調查的結果是來自官方的造冊資料還是深入的訪談觀察，這兩點其實是有所出入的。此外是，信徒是否真的會去分辨所崇信的是民間信仰的觀音佛祖或者是佛教的觀音菩薩。

四、臺灣佛教問題

（一）山頭問題

臺灣佛教的另一特色是，在山頭主義下，僧俗各自弘化、顯密爭訐與融通困難、出家僧人與居士佛教問題依然難以解結，臺灣佛教的出世性格與派系紛爭問題，層出不窮，加上社會亂象，還有尼眾問題與政教問題，在在都衝擊著佛教的生態與發展。佛教的入世、出世問題，還有行持等，隨著世代變化，使各教團勢必要走入改弦易轍的腳步，但是否承繼得起傳統師門宗旨與門風化頭問題，還是一再地被喜好禪修與研究的學者所質問，由是跑山頭聞法禪修，皈依仁波切而灌頂修密活動，很是流行。近年來，佛教界不論顯密，都不斷地推動許多的事業，無論是教育、文化、慈善、環保，乃至於協助救災，以及生命關懷，都是適應時代的需求，回應社會人心的期待，這也是佛教利益人間的事實，是一種好的現象；但佛法的真正利益，在深境微妙處，這就要講求實在的修學了，如此才能瞭解佛法的宗教境界。如同宏印法師說的：「身為一個佛教徒，不是要你去崇拜誰、皈依誰、依賴誰，而是要你真正在佛法裡覺悟到明心見性，悟到佛法，這才是最可貴的。」〔註25〕佛教講求：「依法不依人，依了義不依不了義。」但佛子此心無安，覺力不夠，總要先依師參學，所以選擇善友與隨因緣受學很是重要。

（二）修法問題

學佛貴在自肯與一門深入，至於修何法以通佛道，尤智表在〈佛教的實驗方法〉文中說：「佛教的修心的方法，為數無量，任意選擇一法，都可明心見性。譬如算學問題，可用許多方法來解答，方法雖然不同，而所得答案是一樣的。如果明白這個道理，那末對於禪淨律密，自然不生優劣高下之想，一一都是佛教心理實驗方法。」「密宗也無所謂的神秘，不過這是一種把理論來具體化的一

〔註25〕釋宏印《宏印法師講演集》〈民國88年8月，慈濟文化出版社〉，頁23。說到自覺覺他、肯定生命有明、解脫、鄭覺之路時，宏印說師（同前書，頁20）說：「說到這個地方，我要向各位呼籲，超越那種偶像的崇拜、權威的依賴和感情寄託的信仰心態，才是理性的、可貴的佛教徒，所以佛教常講：『依法不依人。』」

種修法。又如我國唐宋時代盛極一時的禪宗，是從『世尊拈花、迦葉微笑』這樣離開文字，心心相印傳下來的，也帶著密的意義，不過是一個是三業相應，一個是直指人心，方法有些不同罷了。淨土宗就是現在通行的念佛法門，從外表看來，好像帶著迷信的，可是細細考究，卻正合著色空空色，依他緣起的道理。」「念佛的心是因緣，佛的願力是增上緣。」「念佛到一心不亂的時候，就是將心念依次排列，當然也能發生吸引力，被佛吸往極樂世界。」「再說極樂世界不離一心，是阿彌陀佛與念佛眾生共同心力所造，和上文所言概念可變物質的理相合。」〔註26〕至於念佛修行法，可以參考印光法師鑒定的方法，臺灣人多把念佛念菩薩名號，列入日課修行法門當中。〔註27〕念佛與觀音聖號，不論顯密也都算是一種行持。

在臺灣很多人，把佛教行法與民間信仰，混在一塊，求名求利求實惠，密宗在臺灣逐漸盛行了，尤其是財神法。佛教徒常說「以利勾人入信」，但結果常是恰得其反，對佛教來說外道已是難纏，信眾學佛成了佛中外道，其情更是可憫。密宗在臺灣發展，藏傳行人不似顯教中人，確實較不瞭解臺灣人的根性，要轉化人的心念，著實要費一番時間與大功夫，大有智慧在，所以正本清源真的很是必要。賴賢宗在〈從文藝、哲學到佛學的探討〉文中說：「漢傳佛教的心性論，有著深遠優美的傳統，可供發展佛教心理學與治療學的資源甚多，但是我們的佛學學者極少有人從事於此，我們的學者只著重文獻的研讀，有一些孤芳自賞，少能從事應用與整合，長久下來，可能佛學會變成少數學者的手中玩物，而與社會脫節。」〔註28〕我想藏傳佛學亦然，有很豐富的文化資產，有許多觀音法門，值得學人去探索；學佛法有人喜歡共修，有人喜歡獨行，那是根器與方便問題了。

然僧尼關心的，多是佛教與佛事，或說佛教非佛學，佛教非學術，說成是一種正信的修持。如聖嚴法師所關心的，是正信佛教，不同於居士們的情

〔註26〕　尤智表《佛教的科學觀》〈一個科學者研究佛經的報告〉〈民國78年7月，天華出版事業〉，頁36；是書佛陀教育基金會也有印行，民國81年4月恭印25000份贈送。

〔註27〕　黃智海演述《佛說阿彌陀經白話解釋》〈附修行方法〉云：「凡是要念經、念佛的時候，要先把手洗乾淨了，點三枝香，或是燒一些檀香都可以。先念香讚，再念開經偈……阿彌陀經念完了，念往生咒三遍，再念讚佛偈。偈念完了，念阿彌陀佛，同了觀世音、大勢至、清淨大海眾菩薩的名號。末後再念回向偈，和三歸依。照這樣念，才算成功一堂課。

〔註28〕　賴賢宗《當代佛學與傳統佛學》（2006年5月，新文豐出版公司），頁219。

佛教與科學，尤其是對意識與死亡層面，還有許多問題要加以釐清，讓兩者能夠了解雙方的認知與心行。〔註38〕因為佛教是心科學，而西方的心理學建立在唯物論上，其方法論迥異於建立在唯識論上的佛教。誠如民間的觀音信仰，容易被西方人認為是偶像崇拜，乃至於說是一種迷信，其實它是東方人的一種心靈圖像，在心在境上皆然。所以，不僅科學與宗教要對話，不同宗教間也要對話溝通，促進彼此心境上的增進、瞭解與寬容。

五、臺灣佛教的發展

（一）佛教的素質

談到臺灣佛教的發展，政府播遷來臺之時，「當時的佛教陷入群龍無首的境況。」宏印法師在〈從太虛大師談民國佛教〉文中接著說：「四十年來的臺灣，各方面皆有很明顯的進步，佛教是否也跟著這安定的四十年歲月而進步呢？」〔註39〕邢福泉在〈臺灣佛教發展概況——中華民國時期〉文中說：「自1945 年 10 月至目前（1980），可稱為臺灣佛教之全盛時期；佛教徒及佛寺之數目日漸增加，許多新佛寺逐漸建立，破舊之佛寺亦被整修或重建，但更重要的是：許多自中國大陸來的高僧，革新了臺灣原有的佛教禮儀和傳法內容，並且還鼓勵佛教徒積極參加社會福利事業活動。甚多原受奉祀地方神靈及日本影響之佛寺，轉變為純粹與中國傳統之佛寺，最顯著之例子為日本新淨土宗信徒之滅跡與大陸高僧對臺灣佛寺之各種新影響。此一時期另一重大之改變，為各宗派之僧侶結合一起從事佛學研究與佛教之闡揚，故各宗派之間並無嚴格之門戶之見。上述各種現象，使臺灣成為 20 世紀中國佛教復興之基地。故此一時期可視之為中國大陸傳統佛教之復興時期與臺灣佛教之革新時期。」〔註40〕但此後政治解嚴了，隨著社會經濟的繁榮，臺灣的佛教由是更見山頭林立的現象，還有政府的長期輔導，這部份有利於佛教在人間的發展，由是所謂的人間佛教在臺灣卻成為一種特色，不同於大陸的傳統佛教。

時代進步了，佛教的素質與信仰問題，是否也跟著進步呢？宏印法師在

〔註38〕關於科學家與佛教領袖的對話，請參見丹尼・高曼主編、李孟浩譯《情緒療癒》，民國 95 年 9 月立緒文化；另見達賴喇嘛著、楊書婷等譯《心與夢解析》，2008 年 9 月大是文化。
〔註39〕《宏印師演講集》（民國 86 年 8 月，慈濟文化出版社），頁 27。
〔註40〕邢福泉《臺灣的佛教與佛寺》（民國 75 年 5 月，臺灣商務印書館），頁 6。

〈今日學佛者的省思〉文中說：「我出家二十幾年，可以說是吃佛教的飯長大的。多年來，我經常思考：『臺灣佛教到底存在著什麼問題？臺灣佛教未來的方向跟可能的發展，會有怎樣的情況？』〈中略〉四十年來的臺灣，方面皆有很明顯的進步，佛教是否也跟著這安定的四十年歲月而進步呢？據我的觀察，臺灣佛教不可否認的也進步很多，無論在教育（佛學院、大專夏令營）、文化出版、社會慈善工作上，皆呈現出一片蓬勃的氣象；道場的規模愈蓋愈大，徒眾甚多，佛學講座，聽眾也不少。這一切看起來好像很興盛，但在這一片叫好聲中，我們如能冷靜的思考觀察，會發現臺灣佛教似乎缺少點什麼？我們能不能從古代高僧留下的風範中，來檢點今日的臺灣佛教，應該如何才能團結？」〔註41〕當前的臺灣教界，缺乏如古代的高僧師家，也罕有出色的門風，僧俗不分，僧俗不和現象，比比皆是。宏印法師認為，「如果我們關心佛教的興衰，希望佛教強盛，就必須從兩方面去著手。」一是教理的弘揚，二是教制的健全。現今的在家團體，學佛風氣很是興旺，處處可見居士林或弘法中心。雖說中國佛教的前途，要重視青年的佛教與居士的佛教。但宏印法師說：「如果太虛大師看到今日的在家居士們的表現，恐怕要失望多於希望了！」〔註42〕現代佛教居士有的學養好，有不少知青跟著學習，而產生了居士教團。得道為先，與為之君為之師，本是中國人的傳統文化，但在教界卻出現個人觀瞻與正邪問題。

（二）居士問題

修行人選擇在家修道，固然是因為今生因緣上的不得不然，但就另一方面，以大乘慈悲利他的精神而言，在紅塵中以世間形象卻更有度眾的方便，因此《法華經觀世音普門品》中觀世音菩薩就以多種在家行相方便示現，來度同類的眾生。由此可知居士修行從世尊以來就一直存在，在印度如維摩詰、勝鬘夫人等都是大成就者；在中國如劉遺民、蕭衍、龐蘊、王維、蘇軾、以及近人楊仁山等都是在家修行而有真實參悟的大居士。在家居士的修行，是今日佛法修行中相當重要的課題。但當前居士團體，跟佛教山頭有各別苗頭的現象，因此產生正信與邪見等諸多問題。王淳隆在〈當代居士修行社區初探〉一文中說：「居士結合成共修團體，並不是為了與出家僧團對立，互爭主

〔註41〕《宏印師演講集》〈從太虛大師談民國佛教〉〈民國86年8月，慈濟文化出版社〉，頁27～29。
〔註42〕釋宏印，前引書，頁34。

導地位。它是基於二個因素而形成：一、佛法強調在行住坐臥中修行，在家居士由於生活型態以及戒律與出家眾不同，無法長期與僧眾共住共修，因此有必要另成一個修行團體。二、一個有成就的善知識，他座下必有四眾弟子跟隨修行，這從世尊開始到現在都是一樣。一群在家居士接受同樣教法，修同樣的法門，因而結合成共修團體也是自然的事，因此居士共修團體不但不會與出家眾對立，而且由於團體化的緣故，更容易結合力量，形成三寶的堅強外護。」〔註43〕有的居士團體自立門戶，這跟僧材與善知識的問題有關，不能僅怪他人，如同悟明長老對聖圓師說：「自己無法，誰來護法！」從這個層面去思考，學佛學得好不好，主要還是個人的問題，不是僧俗問題。

有的僧人或是學者，著重在佛教的終極關懷上，如古禪德全植禪師說：「佛法隨四相遷流，真性不變。」宏印法師學太虛法師的風範去思想途路，但佛子們有的從禪學或學術的觀點去想，有的從行化的藝術層面去思考，得到的結果或有雷同處，但也會有所出入的，這是切身的志趣問題，還關涉到個人的知性、見識與眼界問題。楊惠南教授在〈野狐禪——佛教的濟世思想〉文中說：「只有證得空性的人，才真正了解野狐禪，也才真正了解佛陀改造社會、濟世救人的淨土思想。」〔註44〕當前聽聞佛法很是方便，賢頓法師在《觀世音菩薩普門品講記》談到四聖締時說：「佛不在世，有佛法流傳後世，指示世人，如何進修菩提大道，這也是等於佛親自指示一般，只要肯依佛教而行，沒有不成法器的。」〔註45〕學佛是要自肯的，古德重視堪驗，今則墮己謗他，大事不妙。

學佛者要參方眼、要有宗眼，這是正法眼藏與格局問題。至於佛法有助於文化建設問題，呂澂在〈漢藏佛學溝通的第一步〉文中說：「這必須要參合漢藏雙方的學說，認識它的全貌，才談得上正確；又必須有雙方學者的合作，才能做得徹底。我們說漢藏佛學溝通的有其需要，它的意義就在於此。溝通的第一步，應該是彼此的互相瞭解。」〔註46〕當前漢藏學者在這方面，已經大有斬獲了，國人學藏密可以透過很多的管道，臺灣翻譯作品也多，漢藏領袖會談機會增加，不僅促進了彼此的瞭解，也使作文化上更進一步的發展。

〔註43〕王淳隆〈當代居士修行社區初探〉（1998年，佛教建築會議實錄暨論文集），頁113。http://ccbs.ntu.edu.tw/FULLTEXT/JR-AN/an27_11.htm
〔註44〕楊惠南《佛教思想新論》（民國79年10月，東大圖書公司），頁207。
〔註45〕賢頓法師《觀世音菩薩普門品講記》（民國81年5月，板橋彌陀經舍），頁123。
〔註46〕呂澂《西藏佛學原理》（92年2月，大千出版社），頁2。〈漢藏佛學溝通的第一步〉，原載於《現代佛學》1953年第8期。

還有人翻譯一系列日本學人、禪僧的著作，如《禪佛教入門》、《茶與禪》、《生活禪》、《禪天禪地》、《無生死之道》、《禪僧與癌共生》、《超越迷惘——法句經》等，還有南傳僧人的作品如《唯一的道》、《何來阿姜查》、《佛陀的女兒》等，各地區匯集來的宗教作品，讓學人不斷地對話，使彼此間的隔閡減少了，而臺灣學者、作家、宗教家的宗教類作品也不斷地推陳出新。「有感現代人心靈空虛，對自己人生方向經常摸不清」，要「啟發自我的靈性，及如何去信仰一個好宗教，來改變自身的命運。」如李果榮居士，出一本本心靈妙法的書籍者，在臺灣也是多見，君不見林清玄、清海、慧律、星雲、惟覺、心道、鄭石岩、胡茵夢的作品乎？心是活技兒，意是巧匠工，臺灣人的宗教心意識是活靈活現的，點滴成金，都成智慧妙珠，有益人心否？學人真的要自會取了，因都是見仁見智的一些文字知見。陳振崑在〈唐君毅的宗教融合思想〉「宗教融合思想所面對的挑戰」文中說：「不同宗教之間，不僅有所期待於宗教精神的會通與融合，在彼此的基本義理之間也應該進行一番深入的析解探究，過於寬容而浮濫的宗教混合主義並不足取。」〔註47〕而獨斷與自我封閉的心態，又會讓自己或教派不知不覺中遠離了絕對的真理，因此能否保持活潑、開放性，而又能持續地趨進於理想中的絕對真理，對諸宗教信仰門徒與教派來說，都是極為重要的時代課題。

（三）人間佛教

臺灣的人間佛教性格強烈，教團的活動與社會接軌加劇，乃至於與各學術領域產生了不斷的對話，佛教界越來越喜好舉辦各項文藝與創新活動，或成立宗教博物館，以接引大眾。而佛教的教團與僧伽教育、佛教倫理與俗世倫理、佛教本質與俗世宗教、佛教傳統與現代化腳步諸問題，都顯得格外重要了，教界更加重視人才的養成，佛學院、佛教各類大學紛紛成立，問題還是僧團的和諧與資源的統籌問題要面對。當前社會常見人提說以愛來關懷、以愛來療傷，共業與心靈改革變得重要了；世人強調地球村，說地球是平的，您可能一覺醒來，頓覺週遭都變化了，心靈與物質間、宗教信仰與社會人心、禪思維與企業管理，很緊密地被有心人士結合在一塊了，拿來思索與運作人生問題。形而上的道，與形而下的器，體相用一如，一真法界，全體大用，佛性人人可以顯發，佛道的顯化，就在當下心即可得會。媒體網路大開，佛

〔註47〕陳振崑〈唐君毅的宗教融合思想〉（《華梵人文學報》第 7 期，民國 95 年 7 月），
　　　　頁 1～39。

法已非如前人所云的難聞，善知識也非難見了，而是觸目皆是，有志於道者，個個皆能成人，似明復法師說的「禪無餘」行持則更妙。對於宗教亂象，是社會問題還是教界問題，或有說「是否是政府的規範不夠周延」論點，在在都顯現出「宗教行政人才」的重要性。

對於大小乘誰較殊勝的問題，僧人與居士佛教，男眾與女眾佛弟子在佛門的差別待遇問題，還存在當前臺灣社會之中，也引起很多諍論。約瑟夫‧葛斯坦（Joseph Goldstein）在〈蒂帕嬤不凡的一生與教法〉——「她告訴我什麼是可能的」文中說：「她是上座部傳統中第一位真正有大成就的女性修行者，並且還能夠在美國弘揚佛法。雖然她全心投入上座部傳統，但同時也深刻了解到女性修行者，包括家庭主婦等的禪修成就，在各方面都是平等的，甚至比起絕大部分屬於男性宗教威權世界的人，她們的精神修行更加深刻。蒂帕嬤就是以這樣的方式，在這裡成為女性以及男性共同的典範，她在共修社團中對許多修行者的影響至今仍餘波蕩漾，連綿不絕。」〔註48〕他山之石，真的可以攻錯嗎？臺灣的信徒，迷密勒日巴，迷大師在喜瑪拉雅山，迷達賴喇嘛，讓本土法師、尼師們不得不奮力強調祖師們的德行與風範，當然自身要修持有道、行化巧妙，或學當典範才是緊要。

佛教是深明人道主義與因果關係的宗教，虛雲老和尚說：「學佛要深信因果，嚴持戒律，堅固信心，決定行門。」其於 1943〈在重慶慈雲寺開示〉文中說：「學佛不論修何種法門，總以持戒為本。如不持戒，縱有多智，皆是魔事。」〔註49〕演培法師在《六祖壇經講記》「序」說：「現代有些學佛者，看了一點祖師語錄，或者翻過禪宗典籍，就以禪者自居，動輒為人談禪，並將祖師悟道的偈語，拿來照自己意見解說，並認為自己解說的是對的，別人都誤會祖師的偈意，好像自己與祖師已到一樣悟境，但是不是吻合祖師本意，或已超過祖師的見地，唯有論者自己知道，我是不敢妄下論斷的，自己工夫未到這程度，或是揣摩公案，或是空談禪理，不得說是禪理。」〔註50〕禪者是嚴肅的，卻不說過在化門。

其實這類型的著作，坊間多見，如《禪是一枝花》、《禪的火花》、《禪定心靜》之類，連教育部也曾經推廣過一些禪知見活動。禪門說：「那是別人閑

〔註48〕艾美‧史密特著、周和君譯《佛陀女兒》「序」（2003年8月，橡樹林文化》），頁5。
〔註49〕淨慧法師編《虛雲和尚開示錄》（民國83年2月，圓明出版社），頁32。
〔註50〕釋演培《六祖壇經講記》「序」（民國83年6月，佛陀教育基金會），頁7。

傢俱！」或說：「拾人牙慧，不是家珍！」但這些也是凡夫學佛、學禪的一些前行，高明者斷其邪見，導正其知見即可，那是別人的自家事何足掛懷。印順法師在〈一般道德與佛化道德〉文中說：「表面看來，大小乘的德行相反，其實不過由於發心不同，目標不同，戒德的運用，小小差別。」淨空法師在《菩賢大士行願的啓示》「前言」文中說：「什麼是菩賢行願？如來圓滿的果德，一定要修大行，福德才能圓滿。每一種行門與自性皆相應，而且一一行門周徧法界。」〔註51〕總之，行人如對境起心，看小看大，各持一端的意識語，非公道話，也違反佛教中道眞實義。對於臺灣佛教發展情形與展望，淨心法師的一些話題，很值得教學界來思索其意義。其在〈論現在臺灣佛教後繼者之養成〉文中說：「臺灣的佛學院和研究所，是提昇僧尼學識的教育機構，傳戒會才是眞正佛教後繼者養成之處。這種情形與其說它是臺灣佛教的特色，不如說它是依循佛教戒律規定之下的產物。」〔註52〕

（四）女性出家眾

但在臺灣出家眾，女眾比男眾多，老年比青年人受戒者多。對於這兩個問題，他說：「關於爲何臺灣女性出家者眾多之事，因未曾深入研究，其正確的原因尚無法了解。但是，臺灣尼僧數目之多，力量之堅強，對臺灣地區佛教之活動，有著龐大的貢獻，這是不可否認的事實」。〔註53〕尼眾在中國社會出家者日多，這是社會問題，也是個人心態問題所招致的。白文固等著《中國古代僧尼名籍制度》〈從僧眾尼亦眾到僧眾尼寡的變化看婦女地位的下降〉文中說：「而殆至宋代，情況發生了重大變化，即受理學的影響，婦女地位日趨下降，在身份上日益成爲大男子主義的附庸。（中略）當時（宋代至明清間）的婦女不大樂意出家，更不願出家爲女冠。」〔註54〕表明當時社會婦女對待宗教文化生活的取向，然今日臺灣則大不相同，尼眾寧願待在臺灣佛寺，也不願去日本皇室尼院中受清苦的日子，這是我在海明寺一次宴會中，聽悟明長老與來訪友朋們聚會談話時說的，他們一時找不到適當的尼眾推薦給日本人，因爲比丘尼在臺灣的日子過得較方便也舒服多了，且日本與臺灣的佛教傳統也大不相同。但我們也不可忽視尼眾的一些美德，以及她們在寺廟中的重要性。

〔註51〕淨空法師在《菩賢大士行願的啓示》〈200年7月，佛陀文教基金會〉，頁13。
〔註52〕深謙編《淨心長老論文集》〈民國85年1月，淨覺佛教事業護法會〉，頁80。
〔註53〕前引書，頁82。
〔註54〕白文固等著《中國古代僧尼名籍制度》〈2002年12月，青海人民出版社〉，頁40～41。

臺灣尼眾的問題，也讓達賴喇嘛關心到這個課題，在其座下出家的臺灣尼眾也逐年增加。至於老年人出家問題，淨心法師說：「每年的傳戒會都是如此，老人出家者相當的多。本來，僧伽的責任就是要負擔如來家業，弘揚佛法，濟化眾生。老年的出家者，把寺院作為晚年的寄脫處，修行辦道之事，本無可厚非，但是如從荷擔如來家業，弘法利生的貢獻來說，是值得考慮的。依據現在臺灣老人出家者眾多之事看來，教團和寺院將因而老化，並且將因此產生種種的問題，對於此事有值得慎重研究的必要。」〔註55〕就此，道安與明復法師，特重中年僧人的出家與教育問題，還有青年佛子的養成。聖嚴與惟覺、曉雲鼓勵青年學子，早入佛門好辦道，但也有佛子個人有聖俗問題與糾結，鬧到警局，產生官非。

（五）僧才與僧伽

目前臺灣佛教後繼者的問題，有僧尼學養的提高、僧團制度的建立，以及青年僧的增加。對於僧才問題，淨心法師說：「現代的臺灣，因為沒有大叢林，出家者對於基本行儀的學習，唯有仰賴傳戒會。」「現在的臺灣，因為只要受完三壇大戒，取得僧尼資格後，不需要經過住持資格的考試，就可擔任住持。」「由於沒有住持資格的限制，以及能自由的創設寺院的緣故，這數十年來，寺院的數目已大大的增加了。尤其是（僧尼）卻普遍的不足，這對臺灣佛教的發展，並不是好現象。」〔註56〕男僧流動性大，真誠的隨侍師側，精進辦道，或在佛學院求學者罕，設立僧伽大學有其迫切性。

後繼者問題，不但是佛教，也在天主教等宗教團體裡存在著。「讓年輕人生起信心，培養宗教熱誠的後繼者，是賦與現代宗教領導者的重要課題。」人類的倫理，大多來自宗教倫理。世風日下之際，很多人呼籲，希望藉著闡揚宗教倫理，以喚起人們善良的本性，樹立社會秩序。「把世界上的人類當作佛陀般的尊敬，這就是大乘佛教倫理的特色。」淨心法師在〈佛教倫理的特色〉一文中接著說：「身為世尊弟子的我們，必須學習常不輕菩薩行，把世間人類當作菩薩一般地尊敬對待，並且向世間上的人們弘揚這佛教的特色——平等的絕對倫理，以淨化社會人心，整頓社會秩序，期望人間淨土早日實現。」〔註57〕

〔註55〕釋淨心〈論現在臺灣佛教後繼者之養成〉（民國85年1月，《淨心長老論文集》，淨覺佛教事業護法會），頁83。
〔註56〕深謙編《淨心長老論文集》（民國85年1月，淨覺佛教事業護法會），頁84～85。
〔註57〕前引書，頁95。

民主國家封閉性與開放性的團體，兩者是兼容必蓄的，缺一則易生重大事端。關於僧團組織，大家都知道要團結才是力量，但意見總是紛歧，誰也不願被統一被管理，因佛教講求自由、平等、自律。他山之石，可以攻錯。就此，淨心法師在〈探討未來的世界與佛教的問題〉文中說：「將世界的現況，與世界一統的天主教團作比較，只有汗顏而感到慚愧。尤其是中華民國的佛教，原來在中國佛教會統轄之下維持其團結，但由於人民團體法的再制定，允許於同一地區，得以設立兩個以上同性質人民團體以後，與中國佛教會同級的教會組織逐漸增加，分離了原來統一的教團，而失去了團結的力量，這是很遺憾之事。」「綜觀世界的動向，未來的世界是組織的世界。組織弱的團體，不但會受組織強大的集團的壓制而無法擴張其勢力，將會在其勢力之下消滅其蹤跡。全世界的各舊有宗教或新興宗教，都正在各盡其力擴張教勢的時候，為了紹隆佛教，必須正視並努力於世界佛教的大團結。」〔註58〕

佛教長老如聖嚴、明復法師都注意到這個問題，但聖與俗、佛教與政治，常是佛門中的大課題，但有時有其矛盾之處。如太虛法師的人間佛教之舉，淨心法師在〈宗教與政治〉文中說：「我不贊成宗教的領導者——僧尼、神父、牧師等，直接參與政治，但我主張宗教要關心政治、淨化政治。在這種前提下，要推舉更多篤信宗教，有捨己利人犧牲精神的人格者，加入政治陣容，改變其體質，才能淨化政治，使國家得利，人民得福。這應該是宗教與政治關係中，很重要的一環。」〔註59〕由是居士佛教徒，就顯得格外地重要了，臺灣居士佛教徒勢力高漲部份原因在此。近年來「地球村」的名詞，已普遍深植人心，或能以佛教相依相資的因緣觀，彼此合作，共同來保護自然生態，維護生活環境。佛子們強調，「未來的世界，如以大乘佛法為人類的指導原則，才能解決一些問題，為人類帶來幸福。」淨心法師在〈引導二十一世紀的佛教〉文中說：「二十一世紀是宗教的世紀，當那些知識份子們，科學絕望時，轉向佛教追求人生真諦的時候，我們該如何滿足他們的願望，這是身負弘法重任者，應該預做準備的嚴素問題。又社會的各種問題，都是人心問題，而人的問題就是心的問題。」「淨化人心，是解決世界人類所有問題的根本，我們應該牢記佛陀賦予我門『淨佛國土、成就眾生』的神聖任務。」〔註60〕未來的世界，不可能單靠佛教，但

〔註58〕前引書，頁 100～101。
〔註59〕前引書，頁 115。
〔註60〕前引書，頁 29～130。

以宗教輔助政治，宗教輔助科學，以宗教淨化身心靈，則是可行的途徑。

　　總之，關於臺灣佛教的發展，白聖長老在華宇出版社出的《現代佛教學術叢刊》「序文」中說：「近 30 年，臺灣佛教之發展，頗有明顯之進步跡象。其中，佛書出版之日漸蓬勃，尤為眾所週知之事實。」臺灣光復之初，不唯大藏經難得見，即或單行本佛書，亦為數甚少。然時至今日，單行本佛書充斥坊間書肆，藏經之流通於世者，乃有 6、7 部之多。與 30 年前相較，真有天淵之別。綜觀光復以來之佛書出版史，有 3 件大事值得一提：其一是為大正藏、卍續藏之再版。（中略）第二件大事，則是張漫濤居士所編現代佛教學術叢刊 100 冊之出版。（中略）由藍吉富居士主編，選取國際佛學典籍百種，悉迻譯為中文，編成世界佛學名著譯叢一大叢書，其事較前此兩大事業更饒意義，亦更為艱難，謂之為光復以來臺灣佛書出版史之第三里程碑，實非過甚之辭。」〔註61〕因時代的動亂，加上臺灣傳統的佛教界，大多不重視佛學，印順法師說：「這才使國內佛教學的研究環境、研究水準，遠遠的落後於國外，無法適應趕上，這真是近代中國佛教的痛事。我覺得，30 年來，由於政治安定與經濟繁榮，宗教自由，佛教界也有了新趨勢，對於佛教學的研究，已有了可能性。」印老又對宏印法師說：「今天佛教界最嚴重的，是許多弘揚佛法者，把佛法解說成相似佛法而非純正佛法，這才是我們須要擔心的問題。」〔註62〕因此，宏印法師覺得，「今天的佛教徒應自我要求，並提高信徒的水準。唯有如此，佛教徒才能在思想界、文化界的中堅分子裡產生影響力。」〔註63〕現今的佛教徒，已走向自覺自醒自力的道路上，辦道修學已比前賢來得方便。

　　臺灣佛教不乏有遠見的長老，如南亭和尚在〈一個好現象一個新希望〉文中說：「我嘗有一個幻想：目前的佛教缺少貢獻社會的公益事業，尤其缺少真實修行的僧尼。有貢獻社會的教育、文化、慈善事業，纔能增加佛教存在的價值；有真實修持的僧尼，纔能感動群眾來信仰和擁護。宗教的基礎，建築在群眾身上，佛教自亦不例外。」〔註64〕對佛教來說，出世間法與世法、佛法與佛學都很重要，印順法師在〈研究佛法的立場與方法——佛法所以超乎世間法之處〉文中說：「因為佛教也好，其他宗教也好，都要教你正常，修

〔註61〕《現代佛教學術叢刊》，民國 73 年 11 月，華宇出版社。
〔註62〕釋宏印《宏印法師講演集》（民國 88 年 8 月，慈濟文化出版社），頁 56。
〔註63〕前引書，頁 57。
〔註64〕《南亭和尚全集》（民國 79 年 9 月，華嚴蓮社），頁 333。

行的人也正常，中國佛教過去許多大師，能夠組織佛教，能夠發揚佛教，都是平淡正常的。（中略）佛老人家，生在我們人間，主要用誠教來引導，不是侈談神通。因爲外道也有神通，用神通上建立佛教，佛教就和外道一樣了。」其在〈以佛法研究佛法〉文中且說：「假如離開佛法的立場，本著與生俱來的俗知俗見，引用一些世學的知見，拿來衡量佛法，研究佛法，這還成什麼話？還能不東倒西歪、非驢非馬嗎？」〔註65〕這表明了佛教徒一生盡行壽的，實與民間信仰與純學術研究是不同調的。

六、臺灣的觀音信仰

　　臺灣的觀音信仰與崇愛現象，可以從很多層面如佛寺、佛堂與神壇，還有經文、圖像、書畫雕塑藝術、持誦與修法、學術研究等方面去考察。

（一）觀音靈感故事

　　談到臺灣的觀音信仰，必然要談到其社會背景，還有淨土念佛法門的流行，但當中少不了要提觀音的靈感問題。李世偉在〈戰後臺灣觀音感應錄的製作與內容〉文中說：「觀音信仰在臺灣民間極爲盛行，其原因固然甚多，但是大量的觀音感應故事出現，更具有關鍵性的作用。戰後以來，臺灣佛教刊物經常刊載觀音感應故事，佛教界更將這一類的事蹟編輯成《觀音感應錄》，加以流通。感應錄的體例包括有感應事蹟、觀世音菩薩事蹟、相關經咒與修持法門介紹等，其內容含括觀世音菩薩救助主人翁病痛、水災、盜賊、戰禍、牢獄等各種災難，以及祈雨、驅邪、求子、延年、再生等各種願望。這些內容有部分是傳統的感應事蹟，但臺灣本土的事蹟也大量增加，內容也更加多樣化、細緻化，以因應時代的變遷，信徒也更有親切感。觀音感應事蹟很容易造成信徒功利心態，有心之士除了加以提醒奉行觀音大悲救苦精神外，也在感應錄中收錄諸多行善教化的事蹟，甚至有『勸善懲惡』的專章，加以闡明因果報應之道。」〔註66〕在佛教的感應事蹟中，有諸多的形式，諸如誦經感應者、持咒感應者、持佛菩薩名號感應者，不一而足，其中最盛行

〔註65〕64 年 10 月開示〈研究佛法的立場與方法〉時說：……以「諸行無常、諸法無我」的法則，作爲研究佛法的方法，拈出宗派演變的原理以及制度戒律的真正意義和不共世間的特質緣起性空。釋印順《以佛法研究佛法》（民國 69 年 5 月，正聞出版社），頁 1。

〔註66〕李世偉在〈戰後臺灣觀音感應錄的製作與內容〉（《成大宗教與文化學報》第四期，2004 年 12 月），頁 287。

者當為最為人所熟知的是觀世音菩薩的感應。考察中國民間的信仰，有所謂：『家家觀世音，戶戶阿彌陀。』觀世音信仰在民間之所以獲得普及與崇信，是與這許許多多的感應事蹟密不可分的。此外，受到救人一命甚造七級浮屠之說的影響，以及佛教重視「法性慧命」，強調「念佛盡形壽」的心行，佛教僧侶、居士、士夫對於觀音感應事蹟的編纂輯錄，有著極高的興趣，這種行徑從東晉以來不絕如縷，這對佛教文化與觀音信仰的推動起了個極大的作用。

（二）觀音感應與信仰的研究

有關臺灣地區涉及觀音感應課題者，加以歸納，如下：

1、闞正宗，〈臺灣觀音道場的建寺傳奇初探〉，《古今論衡》，第 8 期，2002年 7 月。本文將臺灣供奉觀世音為主神的道場，其建寺的傳奇緣起分為觀音香符建寺傳說、水流觀音建寺傳說及其它類型（觀音顯靈、石觀音、原漢衝突等）。

2、李世偉的〈戰後臺灣觀音感應錄的製作與內容〉，（《成大宗教與文化學報》第四期 2004 年 12 月，頁 287～310。）其評論說闞正宗的研究成果有限，這對佛教文化與觀音信仰的理解不免有所缺憾，所以他撰文擬針對這些大量的觀音感應錄之製作、流通、體例、內容及相關的宗教意涵作一初步的探討。又說：「觀音信仰儘管在臺灣流傳極早，但觀音感應錄的編纂，以筆者寓目所及，尚未見光復前之成書者，故以戰後為論述之時間界限。」〔註 67〕

3、林淑媛的《觀音感應故事敘事模式及其宗教意涵》（中央大學中文研究所博士論文，2001 年。）

4、林淑媛的〈論觀音感應故事敘事結構模式化的原因——一個文學類型的觀察〉一文，刊載於《圓光佛學學報》，第六期，2001 年 12 月，為其博士論文之摘錄。

5、李世偉〈臺灣觀音感應故事及其宗教意涵〉，臺南大學臺灣民間信仰專題講座，2008 年 4 月 15 日。〔參見 http://web.nutn.edu.tw/pbt/〕

此外，有關臺灣觀音信仰的研究另有以下論著：

1、鄭志明，〈臺灣觀音信仰的現象分析〉，《宗教哲學》，2 卷 1 期，1996 年1 月。

〔註 67〕李世偉，前引文，頁 289～290。

2、顏尚文,〈赤山龍虎巖觀音信仰與嘉義縣赤山保地區的發展（1661～1895）〉,《臺灣師大歷史學報》,8 期,2001 年 6 月。

3、顏尚文,〈清代以來嘉義市觀音信仰寺廟類型之發展〉,《佛學研究中心學報》,8 期,2003 年 7 月。

4、林美容,〈臺灣的民間佛教傳統與「巖仔」的觀音信仰之社會實踐〉,《新世紀宗教研究》,2 卷 3 期,2004 年 3 月。

　　上述的作品,除了李世偉的論著與專題之外,其他研究並未針對觀音感應事蹟作探究,〔註 68〕而李世偉的專題演講仍然不離他論文的範圍。李世偉也提出了他研究的方向,他說:「觀音感應事蹟能夠一再的集結刊行,佛教法師的宣揚起了推波助瀾的重要作用。」〔註 69〕「觀音靈感事蹟的弘揚,不分僧俗皆有高度的熱誠,並共同推動的結果。而佛教雜誌、印經處、出版社,都起了重要的媒介作用,值得重視。」〔註 70〕所以要研究臺灣的觀音信仰,可以考察的層面與方向是不少的,而不僅在造像、經文與修法之上,民間信仰的層面佔據了很大的部份,但這個層面容易發現證據與現像,很難在短時間考察分析得詳盡的,這要全面的田野調查與民間訪談,考察與研究方面的人力與功力,都要受到極大的考驗,所需耗費的時間與經費更難計算了。但也明顯看出,佛教的小乘教法,影響社會人心甚鉅。

　　在臺灣因為崇信觀音靈感,傳統佛教的寺院、精舍與基金會、雜誌刊物,在人間佛教的前提下,印行了無數跟觀音靈感有關的小冊子或書刊,廣為宣說觀音信仰及其信奉的方法。目前網路上多見觀音靈感錄、觀音靈感真言,還有觀音靈感歌唱,如風潮所出黃慧音的「觀音淨土」介紹說:「拔一切業障根本得生淨土陀羅尼,女聲與男聲喜悅相應,此處有淨土。觀音,在心上;淨土,在願上。」從佛教的小乘教法的三世因果、六道輪迴之說,更加增上則是佛土信仰與菩薩行願了。

（三）畫像與塑像

　　在淨土信仰中,觀世音菩薩本籍是屬於西方極樂世界,但在世間行菩薩道,救渡眾生於苦難之中,更要緊的是觀世音經過阿彌陀佛授記,未來接替佛位者,在三聖佛造像中,觀世音便立於阿彌陀佛的左邊,其地位極為殊勝

〔註 68〕李世偉,前引文,頁 290。
〔註 69〕李世偉,前引文,頁 292。
〔註 70〕李世偉,前引文,頁 294。

崇高，這在淨土宗的重要經典《觀無量壽佛經》中有所記載。臺灣僧俗對聞聲渡苦的觀音產生信仰，有的以繪畫表現，有的以塑像來表達。如是淨土宗之信仰者，他家中的佛堂都供奉著西方三聖（即阿彌陀佛、觀世音菩薩及大勢至菩薩），或供奉觀世音菩薩。最簡單的供法，即是以淨水杯、大悲水杯或三供杯奉上一些茶水、淨水即可。所用的香，一般以臥香爐及臥香爲宜。如是一般家庭，且家中有老人、小孩等，則多供奉娑婆三聖（即釋迦佛、觀音菩薩及地藏菩薩）。因爲觀世音菩薩與地藏王菩薩最會保護及照顧老弱婦孺，正所謂「聞聲救苦大觀音、隨之感應地藏王」的道理了，如是家家的年幼小孩必會得到觀音與地藏菩薩之保佑，好帶好養，健康平安如意。〔註71〕

1、懺雲法師的三聖像

觀音也是淨土宗三聖之一，祂和大勢至菩薩伴隨著阿彌陀佛。通常可在佛堂立像，或畫像裡看見，阿彌陀佛居中，觀音立左，大勢至立右。中臺灣南投水里「蓮因寺」的懺雲老法師，於 2009 年 3 月 7 日週末走了。他是臺灣最早透過佛教「藝術繪畫」與「咒語唸誦」來弘揚佛法的僧侶，本身因爲出身中國大陸東北且到日本留國過，有非常高的繪畫水準。〔註72〕目前華人社會的信佛家庭，倘若有供奉「西方三聖」畫像，早年九成以上都是懺公所畫的那組「西方三聖的範本」；而這也意味著，佛教徒對於「阿彌陀佛、觀音菩薩、大勢至菩薩」的視覺形象，受到美術造詣甚高的懺公影響甚鉅。懺公的生命一直都是默默的，不曾收過版權，默默地讓西方三聖像流通了全臺，甚且遍及了世界。他也默默地，爲我們種下了菩提種子。〔註73〕曹郁美在〈一個典型的殞落──記蓮因寺懺雲老和尚〉文中說：「蓮因寺座落於南投縣水里鎮，環境清幽雅致，佔地不大，但找不到半張紙屑，整體氛圍更無半點俗氣。一磚一瓦、一塑像一字偈，皆流露出宗教化的人文氣息，這與懺公年輕時赴日研習美術、接受薰陶有關。至今他老人家親繪的西方三聖像依然在各個角落流通，他的書法爲人所珍藏。」〔註74〕

〔註71〕《禪之風》部落格〈佛與道之間〉，2009 年 4 月 15 日。
　　　　http://blog.yam.com/buddhaz/article/20392041

〔註72〕王尚智〈懺雲老法師的那艘渡船〉，2009 年 3 月 28 王尚智「雙城部心事」部落格。http://blog.udn.com/powerecho/2722436。

〔註73〕老農人〈南投蓮因寺──懺公師父（上懺下雲法師）圓寂〉，2009 年 3 月 9 日 19:05 股神幫's Archiver 部落格
　　　　http://estock.5d6d.com/archiver/?tid-47969.html。

〔註74〕慧炬機構・心靈分享，http://www.towisdom.org.tw/06-su/20090428.asp。

圖5-1　懺雲法師的西方三聖畫像

　　懺雲法師所繪觀音畫像，是女性形像。在閩南、臺灣民間，觀世音菩薩的女性形象非常顯著，常被尊稱為「觀音媽」，又因為觀世音菩薩過去早已成佛，只是化現為菩薩濟世救人，故常尊稱為「觀音佛祖」，簡稱「佛祖」。臺灣人認為，觀世音菩薩以慈悲心著稱，大士爺是觀世音菩薩的屬下（或化身），所以大士爺頭頂觀世音菩薩像，在中元節時，負責救渡、布施流浪在陽間的亡魂。中國民間的觀世音菩薩像，常有善財、龍女兩神祇服侍在菩薩左右兩旁。

圖 5-2　奚淞的《三十三堂札記》中的觀音與善財插圖

2、白衣觀音與觀音畫像

　　至於白衣觀音，據《圖畫普門品》中描繪的觀世音菩薩三十三身，以白衣觀音的形象，最使人肅然起敬。這尊像又名"大白衣"、"白處觀音"。因其身穿白衣，又在白蓮之中，因而就其衣飾名為"白衣"，就其住處名為"白處"。白衣顯示聖潔、純淨的菩提之心。白衣觀音也是密宗經常供奉的觀世音菩薩之一，中國古代許多畫家都曾畫過白衣觀音像，不少民間藝術家也在石窟中創作了這樣題材的觀世音菩薩像。著白衣、頭束高髻，此像前有行護摩的儀式，此像並非中國佛教本來的形式，但卻是後來發展而被公認的白衣觀音像的原型。〔註75〕在我國宋代開始常出現頭部覆蓋著白頭巾，身著白袍，慈眉善目，清秀柔美的白衣觀音。不管是立姿和坐姿，其姿儀悠閒自在，神情慈祥親切，是民間最常供奉的觀音之一。白衣觀音的慈悲、純淨與靈感，引發了很的信眾。賴傳鑑在〈探所觀音的思想與信仰〉一文說：「觀音信仰尤以女性為多，我國以及日本等東方婦女的慈愛、婦德，似乎與觀音信仰有密

〔註75〕賴傳鑑《佛像藝術》「第九章變化的佛——觀音菩薩像」（民國69年8月，藝術家出版社），頁91～92。

切的關係。」〔註76〕

圖5-3　王壽蓮的白衣觀音畫像

　　王壽蓮師住碧潭附近，是張穀年〈1906～1987〉的得意門生。搬到新居，王老師關心的，是她的觀音與地藏的擺設。她說瓷觀音把她從19層地獄拯救出來，一畫（自己的）、一瓷（大陸人的）作品都是她的鍾愛，還有地藏，

〔註76〕賴傳鑑《佛像藝術》「第十章探索觀音菩薩像的造型與思想」，頁119。

可見其慈悲與關愛的心情，溢於言表。她很喜歡世英，輕握著她的手說：「我歡迎您常來！」臨別時，80 歲德高望重的她，目送我們到電梯口，揮手告別。〔註 77〕我趁空，與王老師交談，談的是觀音像的事情，她很高興的樣子，對著王琳說：「您聽到了嗎？」話指的是，1970 年所畫的「白描觀音像」，我當時說：「世英觀此像時，覺得此畫像投射出一道光，到我心中，很是溫馨！這或許是老師您當時的心境。」師答說：「作畫時，我心裡沒想甚麼！」我說：「是不經意的寫出當時的心境！」師愛美，人所皆知，對此畫作，劉太虛先生贊不絕口，親題「妙相莊嚴」四字，這是師第一張佛畫像。師說，靈感一來，畫布一展，世間愁苦卻忘。白描觀音，就是「病後的排遣」之作，以後想再畫一幅大一點兒的，「著意去畫，認眞描摩」，卻怎麼樣都畫不出來了，「味道就是不對了！」〔註 78〕師豁達以說，想必這就是：「因緣時節到來，渾然也天成。」回到書像問題，她喜歡自在寬敞，對於壅塞一隅的佛像與書籍，總覺不大舒服。白描觀音畫以及站姿磁觀音像，暫且安置妥當，而對於小觀音、小地藏像、小佛書「佛說父母恩重難報經」，我說這些就送給我來處理了。師一聽很是高興，我雖說轉給有緣人，但接著說：「以前，在松山寺原道安法師住的方丈內，明復法師送給我道公從泰國帶回的小佛像。但每回明復法師一提到道公，就對著我問說：「小佛像還在否？」我答說：「老師您送的兩尊佛像，我會好好供奉的！」師在笑，但不留痕跡的，如同說酸苦事，很平常心的，不見其嘆息或作悲苦狀，師修養很有份量功力的！事後我們一提及王老師，就會想起跟明復法師時的情形。王師一生悲苦，但以水墨書法與諸人結緣，惟覺與印順證嚴師徒畫像，皆王師所作，都是爲了：「珍情畫意，擁抱蒼生。」

〔註77〕賴建成〈開女姓書畫風氣先驅的王壽讓女士〉，2006/6/5 臺北縣新聞網。
〔註78〕王壽讓《水墨歲月——王壽讓》夏紅〈大悲觀音亦仙亦佛〉（1997 年 5 月，藝風堂），頁32。

圖 5-4　王壽護及其觀音畫像

　　而明復法師，修習過密宗觀音法門，入禪門後以禪學、禪藝術度人無數。
兩師都是具有悲憫人性格，明復法師在題畫〈水仙花〉詩云：「夜靜浮船歸，坦
胸臥月明；高歌天地窄，撫膺不勝情。」〔註79〕我們談到禪時，還提到那幅觀
音像，王師感傷的說：「再也畫不出另一張了！」王師有超師之處，至於觀音畫，
我想只要心念一轉，王師又會畫出別開生面的觀音像來也說不定！〔註80〕或許
王師心中的觀音像，也只有一張，那是她一生的寫照。〔註81〕這幅畫名為《妙
相莊嚴》，是王壽護在民國 60 年自己大病初癒後所畫，低眉慈目、仙袂飄飄，
下筆有若神助，後來想再畫一幅更大的，卻是怎樣都不成。〈梅門賞廳——適化
——王壽護的水墨歲月二〉一文中云：「合成了 2 張照片……突然發現……王教
授的神韻與這觀音像有些神似。」〔註82〕銀髮賽雪，心如熾火；相識久了，更

〔註79〕賴建成〈再訪「一真女史」王壽護名畫家〉，2006/6/21 臺北縣新聞網。
〔註80〕賴建成〈三訪一真女史〉，2006/7/24 臺北縣新聞網。
〔註81〕王瑩〈走過死蔭幽谷——以生命作畫的王壽護〉，臺灣光華雜誌，1999 年 7
　　　　月第 104 頁。
〔註82〕華夏金曲團部落格，2009/3/1。
　　　　http://tw.myblog.yahoo.com/goldmelody-2002/article?mid=8250&prev=8356&ne

瞭解她在坎坷生涯中始終不熄的創作熱情或可以說，唯有水墨創作才是她生命中最大的支柱。除了照顧老伴與小孩，王壽護說：「沒錯，一生我就像投身不能罷休的一管筆。」〔註83〕雖然她的畫作，有其他觀音畫像，但白衣觀音像，真是她一生慈悲的心靈寫照，所以她對此畫特別鍾愛，也只能畫下一張，並把複製品流傳給熱愛她的人們。

圖 5-5　王壽護供的觀音像

xt=8249

〔註83〕奚淞〈我就是一管筆〉，聯合副刊，2009 年 3 月 20 日。

圖 5-6　奚淞的觀音畫像 1

奚淞與王壽讖時相往來，他出的書《三十三堂札記》中有很多觀音圖畫像，插在散文中。他不同於小說家，說愛上觀音，而說是學藝術的緣故，以及因緣所生的緣故。

圖 5-7　奚淞的觀音畫像 2

圖 5-8　奚淞的觀音畫像 3

3、雕塑與紙黏土觀音像

從古到今雕塑觀音菩薩像的人，不可勝數，有用一般陶土，有用交趾陶的。有人以西方塑像的寫實方法，首先要將人體塑出神格，然後再添加服飾，迥異於傳統的佛像製作，做出連一般人或連西方人都會欣賞、讚美的佛像藝術品來，這種理念與作法，在當前藝術家中所在多見。〔註84〕

臺灣佛教高僧信觀音的不少，如樹林海明寺的悟明長老，法鼓山的聖嚴法師也是宏揚觀音信仰。聖嚴法師的門徒很多，深坑福音山莊的鄭老師，人稱喬蔚者，是紙黏土名家，當法鼓山委員的她常製作一些佛像與其他作品，帶領門下徒子徒孫們一起製作，然後在法鼓山推展義賣活動，以結法緣。其家中擺設很多紙黏土作品，她還搜集不少大陸菩薩雕像，曾送我數尊觀世音菩薩像，其中一尊是古木雕頭像，從文物店買來的，她贈給我收藏。

〔註84〕〈周義雄觀音塑像的創作過程〉，「祕閣」部落格，2006 年 9 月 27 日。

圖 5-9　鄭麗珠的紙粘土作品

　　其門下有一高徒珈儀，爲臺北紙黏土創作名家。其作品有觀音立像，其甚珍視，識貨者見之多想以重金收買，其不捨得割愛，都因爲悲苦與熱愛的緣故。此紙黏土作品，經多年擺設，已有多處損壞，身爲佛子不能丟棄佛像，我只能勸慰她：「有空好好修補一番！」

圖 5-10　林淑慧的作品

　　其去年送我一幅其珍惜的觀音紙黏土作品，我仍高掛在牆上，還沒有開光；後來其師又贈送我紙黏土佛像，韓國吞鏡和尚與阿開來訪時，兩人也品論一番。

圖 5-11　珈儀老師的紙粘土作品

　　紙黏土是屬於工藝美術中的民間雕塑，目前在臺灣社會上仍然盛行，但塑觀音像的目前不多見，除了喬蔚師徒的作品之外，有惠清的作品，也是因為家族信仰的緣故。〔註85〕

圖 5-12　惠清的作品 1

〔註85〕惠清的黏土高手部落格，網址：
　　　　http://tw.myblog.yahoo.com/clay-hand/archive?l=f&id=11&page=2。

圖 5-13　惠清的作品 2

圖 5-14　惠清的作品 3

　　還有美之城的觀音浮雕壁飾，因為喜歡觀音的祥和與平靜，還有最近天災的緣故，而有此創作。〔註 86〕目前她已經開始招班授徒，教導學生作此觀音圖像。

〔註 86〕美之城黏土藝術部落格，其網址：
　　　　　http://tw.myblog.yahoo.com/clay-art/article?mid=4367&sc=1#4372

圖 5-15　美之城作品

4、觀音圖像與騎龍觀音像

國寶級大師王壽藏老師，除了畫過名為「觀自在菩薩」的畫作，〔註 87〕也畫過一幅名為「楊枝淨水遍灑三千」的《騎龍觀音像》，〔註 88〕這跟她早年的宗教信仰有關。中國自大乘佛教興起之後，菩薩道的信仰及實踐已然成為佛教的重心，而又以觀世音菩薩最為突出。郭祐孟在〈臺灣早期的觀音美術〉一文中說：「中國千百年來的佛教更是明顯地展現觀世音信仰的普門功德，及至明鄭入臺，臺灣的佛教才開始走向正軌，三百年來的臺灣佛教圖像史，實是觀音圖像的世界；若捨棄觀音信仰不談，則臺灣佛教特色盡失矣！」〔註 89〕所謂《騎龍觀音像》攝影作品，1959 年之後流傳於臺灣民間，供臺灣佛教、道教、齋教、民間信仰等宗教信徒膜拜。其來源說法甚多，最流行者為臺灣1959 年發生八七水災時觀世音聖蹟的留影。而由 2003 年臺灣法院《臺上字第四二四二號判決書》內容顯示，該圖像最早來源其實是不明人士以黑白攝影

〔註 87〕王壽藏《水墨歲月——王壽藏》（1997 年 5 月，藝風堂），頁 63。

〔註 88〕王壽藏，前引書，頁 36。

〔註 89〕2006 年 3 月，「心靈石窟」部落格
　　　　http://tw.myblog.yahoo.com/c03260326/article?mid=8&prev=9&next=7。

技術翻拍 19 世紀日籍畫家原田直次郎原作《彩色騎龍觀音像圖》油畫之攝影作品，而另有彩色版本者，則爲臺灣畫家蔡仲勳於 1984 年臨摹所作。」大雄於〈臺灣傳說—騎龍觀音像〉文中說：「《騎龍觀音像》攝影作品是指 1959 年之後流傳於臺灣民間，供臺灣佛教、道教、儒教、齋教、一貫道、民間信仰等宗教信徒膜拜用之觀世音菩薩攝影顯像。」

圖 5-16　騎龍觀音像 1　　　　圖 5-17　騎龍觀音像 2

　　「《騎龍觀音像》來源說法頗眾，其中最流行說法則爲臺灣 1959 年發生 87 水災所留觀世音聖蹟影像。不過由 2003 年臺灣法院《臺上字第 4242 號判決書》內容顯示，該圖像最早來源其實是不明人士以黑白攝影技術翻拍 19 世紀日籍畫家原田直次郎原作《彩色騎龍觀音像圖》油畫之攝影作品，而另有彩色版本者，則爲臺灣畫家蔡仲勳於 1984 臨摹所作。」〔註90〕1990 年起，臺灣畫家蔡仲勳也因曾臨摹該作品，聲稱擁有攝影作品之著作權，並控告多位來自臺灣宗教界之該作品翻印者，其結果勝負互見。於 1960 年代～1980 年代臺灣相當流行之《騎龍觀音像》攝影作品，其圖像版本有數種，可分爲黑白、

〔註90〕 輕鬆臺灣部落格，其網址：
　　　　http://tw.myblog.yahoo.com/jw!aB8iNkeQGRAnbXd_bOqxIT_pAHo-/article?mid
　　　　=25167。

彩色兩大類。其中最流行圖樣爲照片下方龍頭冒出水面，龍有三爪，均屬中國書法青龍模樣。圖像中央部位可見青龍背上有一人，是爲中國傳說之觀音菩薩變現女身模樣。觀世音菩薩騎在龍身上，穿白衣腳露出，照片背景則有龍身翻滾在水裡面，而圖像中觀音菩薩均左手拿淨瓶，右手執柳枝。〔註91〕除此，該圖像名稱亦眾說紛紜。有「觀世音顯像」、「白衣大士顯像」、「觀世音菩薩聖像」等等，而臺灣法院則以經濟部智慧財產局所定，稱該攝影作品爲《騎龍觀音像》。於臺灣大量製成各種印刷品的《騎龍觀音像》，攝影作品下方文字爲《心經》，被多數臺灣佛道教及一貫道充當觀音偶像崇拜的《騎龍觀音像》攝影作品，也常翻印於臺灣佛道教書籍或製成平安符，不管以哪種形式顯示，該照片旁通常會有圖像來源說明。

圖 5-18　騎龍觀音像 3

〔註91〕楊枝觀音是三十三觀音之一，也是中國民間供奉較多的觀音。他的畫像和塑像隨處可見。楊枝觀音是以手執楊柳枝爲其特徵的觀音像。有人認爲楊枝觀音起源於西域，據唐義淨《南海寄歸內法傳》講，西域習俗，每日以楊枝細條剔齒，熟嚼枝頭以淨牙，稱齒木。當地有這樣的禮節，向貴客贈齒木及淨水，以表示祝人健康，及懇請之意。所以請佛菩薩，也用楊枝、淨水。由此慢慢發展，逐步成爲觀音菩薩手中的法器。另外，古代印度，人們認爲楊枝可以消災除病。在千手觀音的四十二個大手臂中的一個手執楊枝時說。身患種種疾病者，應手執楊柳枝誦念眞言。

　　《騎龍觀音像》所附制式說明約有兩種，一則爲：「民國48年（1959年）臺灣87水災，中部地區受災最嚴重，在彰化大肚溪上空，救苦救難觀世音菩薩在空中顯相，適有人發現雲彩奇異而拍攝下來。我們可清楚地看出觀音菩薩穿著白衣，右手拿楊柳枝，左手拿淨瓶，站在一條龍上。」或「此照片係於民國62年6月19日（1973年6月19日）美國飛行員駕駛戰機（或有版本稱爲「U2偵察機」），於臺灣東北部上空，看見一股奇異的黑雲，經他照攝下來，相片沖洗後，發現觀音菩薩騎龍顯相神蹟。」（內容詳見於毛凌雲《觀音靈感錄續編》）。除此，也另一說法爲美軍進行臺北大空襲所攝得的照片（黑白版本之附註文字說明）。騎龍觀音像許多版本中，臺灣佛道教膜拜用則爲黑白版本居多，而彩色版本之《騎龍觀音像》則一度成爲一貫道及天道佛堂兩宗教道場陳設必備神器。1990年～2003年，畫家蔡仲勳因曾受人所託臨摹該作品，所以開始聲稱《騎龍觀音像》爲他之畫作或攝影作品，並據此主張該作品之著作權。之後，他頻繁控告擺放該作品之寺廟或翻印該作品之佛書發行人，該類型案件最後判決則有不一結果。2003年，臺灣最高法院駁回蔡仲勳上訴之判決，則指陳臺灣流傳之《騎龍觀音像》攝影作品無論哪作品，其最終來源均乃日本畫家原田直次郎於1890年所繪之油畫作品，並無所謂「原創性」要素。據臺灣高等法院審理蔡仲勳自訴數家寺廟侵害著作權權益之民事案件判決顯示，臺灣《騎龍觀音像》實爲日本東京區護國寺《騎龍觀音》油畫之黑白攝影翻攝作品，而《騎龍觀音》油畫原創者爲日籍畫家原田直次郎於1890年（明治二十三年）所作作品。該作品因臺灣大量膜拜事實傳聞後，已由護國寺於1979年轉交東京國立近代美術館年收藏，不過原收藏的日本東京護國寺中現仍保存了這張油畫的原寸照片。〔註92〕

圖5-19　供奉騎龍觀音圖像

　　觀音圖像讓人增添暇思，張大千畫有一張觀音大士像，鶴松合十說：「靜觀菩薩法像，心靈倍感寧靜安詳，讓我們感受到菩薩慈悲喜捨的神聖！實乃大千先生臨摹敦煌石窟的結晶之作，無盡的感恩！」中國歷代所流傳的觀音菩薩畫像，有男性留鬍子的，代表大雄、大丈夫。有現出家和尚相的、有道士身的；因以何身得度者，即現什麼身，所以有各式各樣，種類非常之多。而在三國以後，魏晉南北朝之間，已多作女身的模樣，面龐和姿態都非常華貴漂亮，但不失莊嚴穩重的氣質。而張大千的「觀音大士像」，〔註93〕有女性柔美的味道，又有大丈夫雄偉肅穆的莊重感覺，不似當今臺灣的民間畫像多是仕女或女士圖樣。又謝佩珍的一幅《觀音大士像》，有王壽護的師公馮超然的題字，也受到拍賣會眾的注目。〔註94〕臺灣的觀音信仰之隆興，跟淨土教義、念佛信仰有相當大的關連。淨土信仰者原本便對此苦難混濁的現世懷有出離心，而觀世音菩薩

〔註93〕〈佛畫欣賞——張大千執柳觀音大士像〉，其網址：http://tw.myblog.yahoo.
　　　　com/jw!Q20hV0iTHhmhLihoIWHpuoE-/article?mid=5455。另見人民網〈二十
　　　　世紀藝術盛會的謝幕之拍（拍賣信息）〉云：「《觀音大士像》是張大千 1941
　　　　年于敦煌摹繪的遺作。此作品所用之絹是當時青海塔爾寺專制。此畫質地雖
　　　　有舊跡，顏色猶新，畫中觀音大士不怒自威，靜默中透出普渡眾生的憫憐之
　　　　情。」
〔註94〕2007 年 02 月 28 日，「人民網」〈名家題跋題出文化對市場價位有著很大影響〉，
　　　　其網址：http://art.people.com.cn/BIG5/41138/41139/5423330.html。

的願力正是對此世眾生聞聲救苦，恰與其信仰相輔相濟。

圖5-20　作者收藏的圖像

　　這樣的信仰動力在臺灣持續不減，編著《觀音感應錄續編》的著名居士毛惕園在《念佛三要》中便提及，當眾生遭逢種種的災禍時，「請專念觀音聖號，即蒙救護，轉危為安，因菩薩悲願甚切，代佛垂慈，救苦救難也。縱定業難轉，喪身失命，亦可仗菩薩慈力接引，往生極樂，即了生死，永脫輪迴，衣食自然，福壽無量」。除了淨土教義的因緣外，臺灣佛教的淨土信仰的盛行，也是一個不可忽視的原因，他們對弘法的工作也一向比其它的佛教宗派積極熱衷。〔註95〕

〔註95〕李世偉，前引文，頁295。

（四）修法與持誦聖號感應

觀音法門，在顯在密都存在著很多的修法，因為對觀音的虔敬，在臺灣也留傳一些法本。筆者去年隨法海法師去印度 Dalamsala 晉見達賴喇嘛，聞法數日，得悉華人世界尤其是臺灣團，喜歡到此地求法，依尊者受五戒、菩薩戒，得傳簡易的四臂觀音法門。次第禪法一般人是難以修持的，因為有一些規範要遵守，對庶民老姓來說念佛菩薩聖號是易行道。社會流傳的觀音感應錄中，呈顯出一則則具體真切的事蹟，主人翁也會訴說因為虔誠修持相關的觀音法門得到感應的效果，有志者若要加以效仿，也唯有依賴努力修持一途。因此在感應錄中便會介紹一些相關的修持法門。

1、如林慈超的《觀世音菩薩靈感記》之後，附有白衣大士咒的持誦方法與附圖，該圖上方中央是白衣觀世音的圖像，兩旁寫有「一心恭敬觀自在，百千萬劫盡消除」，左右兩側共畫滿二百四十個圓圈；下半部書有白衣大士咒全文，並說明凡「誦五十遍點一圈，旁圈滿，共一萬貳千遍，印送一千二百張為一願，所求必應」，其後並有各個月的齋期日。

2、智成居士的《觀世音菩薩靈感錄》則在書後附的是念佛法門，誦念禮拜的有釋迦牟尼佛、阿彌陀佛、觀世音菩薩、大勢至菩薩、清淨大海眾菩薩等，說明每日朝暮二次、洗手漱口、佛位前焚香、敬茶、合掌禮拜之。隨後並列出念佛十大利益，其中之一是「常得觀音等二十五菩薩而為保佑」。這些簡易的修持法通常附在書後，作為補充之用，但也有鄭重其事列於正文之中者。〔註96〕

3、毛惕園的《觀音靈感錄續編》便特別列出第 9 章〈禮念方法〉，介紹早晚功課誦念修持的方法，因應個人方便而列有簡易念法、專念課儀、通行功課三節，但他也特別提及若遇災禍患難危急存亡之際，只要一心專念「南無觀世音菩薩」，或「觀音菩薩」四字聖號即可，不須執於儀式，經咒讚偈也不適宜，這是因為「觀音菩薩悲願甚切，與此方眾生宿緣深故，較易得力，而速激靈感也。」〈前引書，頁 211。〉毛惕園編著的《觀音靈感錄續編》，受到臺北松山寺住持道安法師的支持，不僅在其書封面題字、作序，並由他所主持的臺灣印經處加以出版發行，更邀中外信眾踴躍捐助印贈。〔註97〕

〔註96〕李世偉，前引文，頁 297。
〔註97〕釋道安〈觀音靈感錄續編普勸印送禮念序〉（毛惕園《觀音靈感錄續編》，臺灣印經處出版，1976 年），頁 2。

圖 5-21　民間佛堂 1

　　觀音感應錄的事蹟林林總總，包羅萬象，無數的眾生也見證觀音救難解危之事，不過還是有人感應不到觀世音的願力來救渡者，該如何自圓其現象？最普遍的說法是「業障深重」、「誠心不足」，煮雲法師便說：「只要眾生有感，菩薩無有不應，如不應者，皆是我們業障重，心不誠也。」〔註98〕宗教信仰，是一種信念，是一奇異聞種心靈風氣，它猶如病人對醫師得療法要有堅決的信心，我們學者不能用常理或理性視之。〔註99〕但「感應若發生失效的情形，其問題出自於信徒自身，而非觀世音菩薩，其詮釋之道則是業障、誠心等佛教觀念，這種論述方式也使得感應錄的可信度不致被顛覆。」〔註100〕但總歸一句話是，信徒要誠心祈禱，因為「佛菩菩薩一定會以順逆顯隱種種方便，來滿足祈求者的心願。」〔註101〕

〔註98〕煮雲法師《南海普陀山傳奇異聞錄》（（1994年，臺中縣願寺印經會），頁118。
〔註99〕參見拉瑞・多賽著、麥慧芬譯《心風潮》（1997年1月，臺北智庫），頁181～189。
〔註100〕李世偉，前引文，頁301。
〔註101〕陳海量，前引書，頁75。

圖 5-22 民間佛堂 2

（五）觀音廟與信徒

佛教文化與觀音信仰在中國民間歷經千年而不衰，在臺灣依然盛行，有其歷史背景。在佛教體系中，無論顯教、密教都談到觀音，故無論顯教美術或密教美術，都有相當豐富而值得探討的觀音像信仰與遺跡。根據陳清香教授指稱，顯教的信仰可以歸納爲三個主要系統，即一是依《無量壽經》、《阿彌陀經》、《觀無量壽佛經》，合稱淨土三經，所述的西方淨土思想之系統者。二者，依《妙法蓮華經》，（簡稱法華經）系統者。三爲，依《大方廣佛華嚴經》，簡稱華嚴經系統者。至於觀音廟及其崇信狀況，根據日治時期宮本延人的調查發現，全臺主祀觀音的寺廟雖然比媽祖廟少 22 座，居 304 座中的第 4 位，但在一般家庭裡安置的觀音像，以及與家庭成員的親密性上，則有遙遙領先對媽祖的感受。〔註 102〕

〔註 102〕宮本延人《日本統治時代寺廟整理問題》（奈良天理教道友社，1988 年 4 月），頁 249。

　　至民國 74 年止，依據仇德哉統計臺灣地區主神寺廟顯示，供奉觀世音的共 595 座，數量僅次於王爺。〔註103〕此一強大不衰的信仰動力，是與〈普門品〉中觀世音「千處祈求千處現，苦海常作渡人舟」的願力有關，而具體的體現便是在《觀世音感應錄》上。自魏晉南北朝以來，歷代的《觀音感應錄》著作不絕如縷，而臺灣承其傳統，諸多的佛教僧侶、居士也投入行列。在感應錄中，我們看到云云眾生的各種疑難雜症、災殃苦痛，均因為透過虔誠的求念觀世音，而得以化險為夷。透過有效者的故事或現身說法，而有為者亦若是，起而效仿，若有感應成效者，亦不吝加以傳誦，有心之士更是加以收羅集結出版，類型不一的《觀世音感應錄》便大量問世流通，故事也一再被披露或書寫於佛教刊物之上，儼然成為一股觀音感應的心靈風潮，而善書也更加推波助瀾。

圖 5-23　民間佛堂 3

　　今日臺灣的佛教徒，基本上以顯教居多，對於諸佛菩薩感應與信仰，如同邢福全在〈佛教藝術〉三「繪畫」文中說：「臺灣佛寺之繪畫因受面積及部位之影響，無法如佛教巨像之吸引信徒或觀光客，但此等繪畫仍然有其教育之功效，因觀眾仍然可自繪畫中複習其平時所熟悉之民間故事，並吸取其中

或佛教繪畫中之思想或教訓。今日臺灣並無太多佛教僧侶以繪畫聞名，甚多僅練習寫字。〈中略〉佛教僧侶僅為興趣、自娛及禮敬諸佛或祖師而繪畫，非如職業畫工之以營生為目的。一般而言，佛教僧侶所繪者可吸引較多之知識份子及學生，並未臺灣社會所注視。一些畫家亦畫佛教繪畫，但其主題多為羅漢或祖師像。此種繪畫偶而於部份畫展中展出，但為數不多。〔註104〕〈慈悲之美在人間佛畫展Q版佛像吸引眾人觀看〉一文中說：「2008 年 9 月 16 日，果梵法師『慈悲之美在人間』佛畫展在臺灣省新竹市開展。一向法相莊嚴的觀世音菩薩、釋迦牟尼佛等，一反常態的用Q版姿態出現在人們面前，吸引了很多人駐足觀看。果梵法師說，『佛畫是以藝術宣說佛法的方式』，畫畫石一定要心情平靜，開臉更要心生歡喜。果梵法師 20 年前開始畫Q版觀音，菩薩們在她的畫筆下充滿童趣、天真。据介紹，現年 60 歲的果梵法師，作品稱得上是禪、藝合一，慣以簡潔的白描筆法勾勒觀音沉靜安詳的意態。本次畫展展期至 9 月 30 日。」〔註105〕臺灣的畫家繪畫觀音像及其佛菩薩的展覽品，逐漸受到佛教教團與藝能界的重視，如王壽護〈1993 嵩山連雲四代書畫大展、1997 王壽護水墨歲月個展、2009 梅門適化展〉、廖喬科〈2007 亞洲大學抽象禪畫展、2007 霧峰抽象油畫般若唯美展〉的畫展。而網路上也拍賣起一些臺灣傳統的手繪油畫、水彩佛像畫、觀音圖、觀音字聯，強調是採用傳統繪畫材料如油畫布、宣紙、布或綢布，且是純手工繪畫加工制作。〔註106〕

　　臺灣的民俗觀音造像，與庶民大眾關係最為密切，也體現僧俗宗教信仰上的一些心態。郭祐孟在〈臺灣早期的觀音美術〉文中說：「其造像內涵所涉及的並非高深的義理思惟，也不見得是殊勝的解脫之道，卻都是現實需要，求福祈願，持齋禳禍，延壽消災等等，無非是希望離苦得樂，雖然是有相的執求，但卻是大多數人來日接觸純正佛法的入道因緣。造形的世俗化，對於表現佛像脫俗超塵的美學品味相對較低，完全是人間相貌，又因為滲入許多非佛教因素，所以常與其他宗教造像混淆。」佛寺前殿與一般宮廟觀音殿的造像大多數是觀音、善財、龍女三尊組合像，即使是主奉三寶佛或華嚴三聖，其前方亦多奉此三尊。

〔註104〕邢福全《臺灣的佛教與佛寺》（民國 70 年 5 月，臺灣商務印書館），頁 162。
〔註105〕http://www.fjdh.com/bnznews/HTML/bnznews_20080918122355.html 引自人間福報。
〔註106〕http://www.ysplh.com/corp/search.aspx?pr=38&mo=-1 藝術品聯合網。

圖 5-24　民間佛堂 4

　　一般奉佛人家大廳則供全堂佛或觀音媽聯，全堂佛多以觀音像爲中心，
善財龍女有時可見，觀音媽聯則以觀音、善財、龍女爲主尊，旁有鸚鳥口銜
數珠，其下配祀天上聖母、土地、灶君或關帝、文昌等，可知這是明清時代
臺灣人心目中共同的神佛系譜，而觀音在此扮演主角，爲眾聖之首。民俗喪
葬法事中，善財和龍女便衍爲金童、玉女，負責持接引幡，帶著亡者進趨極
樂國土，與臺灣人的生活打成一片。每逢農曆七月十五的盂蘭盆會，寺廟必
定製作紙紮來建立瑜伽壇場，其中的數種題材都與觀音有關。民間習稱觀音
菩薩爲「觀音大士」，由此另外衍生出大士爺的信仰。對於民俗觀音信仰與造
像，對民眾來說有其現實利益與實惠，對佛教來說也不失爲度化上的一種方
便。郭祐孟說：「其造像內涵所涉及的，並非高深的義理思惟，也不見得是殊
勝的解脫之道，卻都是現實需要，求福祈願，持齋禳禍，延壽消災等等，無
非是希望離苦得樂，雖然是有相的執求，但卻是大多數人來日接觸純正佛法
的入道因緣。造形的世俗化，對於表現佛像脫俗超塵的美學品味相對較低，
完全是人間相貌，又因爲滲入許多非佛教因素，所以常與其他宗教造像混淆。
因此若能把握圖像特徵及其所表徵的義理，相信對於引導大眾進入較純正的
佛法領域仍是有助益的；過去臺灣傳統講經的法師，常出入一般宮廟弘法，

他們就常以當地殿堂內的諸佛神像，作為引導一般善信入佛知見的題材，述佛本願，不壞鬼神，引發其禮拜時應有的正觀，如此則神道信徒也不易有反彈，對臺灣社會來說，不失為良好的宣教方式。」〔註107〕

圖 5-25　民間佛堂 5

英國人斯坦因在敦煌石窟中發現的一幅唐代末年的水月觀音，此圖的出現，令人不難想像當時觀音女性化的程度已接近成熟的地步，造型上有著人性化的表現，除了手上柳枝與寶瓶屬佛像中的持物之外，其餘人間女性所有的裝飾在此均已具備在中國盛行的女性觀音。〔註108〕觀音信仰多伴隨著許多寶卷，靈驗故事、及傳奇故事文學的發行，來催化推廣，使得信仰更加遠播，如白衣觀音的白衣神咒，白衣寶卷，妙善公主等。唯有水月觀音缺乏此類文學的推波助瀾，又因為後來海上交通的發達，絲路交通不似從前的重要。故因此在宋元以後，水月觀音逐漸喪失三十三觀音之首位，另外宋代理學興起，佛教禪宗盛行，佛教造像也不若從前的普及與盛行，但轉形的觀自在菩薩，

〔註107〕郭祐孟，前引文；另見 1999 年 4、5 月《普門雜誌》第 232 與 233 期。
〔註108〕林福春〈論觀音形相之遞變〉（宜蘭農工學報第 8 期，1994 年），頁 209。另見 http://ccbs.ntu.edu.tw/FULLTEXT/JR-MISC/mag85459.htm。

至今仍歷久不衰。〔註 109〕觀世音菩薩的畫像及相關意境圖像如代表清淨的荷花與蓮花，在臺灣所在多見，畫家亦喜歡以此為題材。〔註 110〕

圖 5-26　賴冰玉的作品

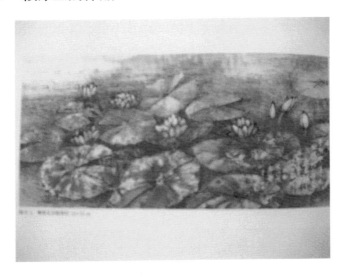

圖 5-27　李秀峰的作品

〔註 109〕　陳麗琴〈水月觀音造像思想的初探〉，「琴琴的異想世界部落格」2007 年 5
　　　　　月 18 日。
〔註 110〕　謝靜雯《心性溯源——謝靜雯作品集》（民國 90 年 5 月，謝靜雯），頁 5。另
　　　　　見王壽護的畫冊，以及廖幽閒的畫展、溪淞的《三十三堂札記》（民國 80 年
　　　　　1 月，雄獅圖書）。

圖 5-28　作者收藏的玄英作品

圖 5-29　玄英收藏的陳柏梁作品

七、結　論

　　早期臺灣佛教，因人民都爲飄洋過海，必須求之於天，故常與天公或媽祖混合，信奉菩薩觀音者尤多。因爲臺灣人民出海打魚，靠天吃飯，故信占卜，以逢九爲吉祥，人民逢九日持齋，觀音誕日、成道日，佛誕等日多持齋。故臺灣之齋堂頗盛。〔註111〕臺灣於 1945 年 12 月 25 日光復，回歸祖國以後，許多大陸名僧進入臺灣弘法，也使得臺灣的佛教逐漸蓬勃發展，但佛道不分的觀音信仰仍舊充斥於民間。早期的佛教刊物，有東初法師所創的《人生》、及釋心源的《臺灣佛教》、及中國佛教會的《中國佛教》、《大乘佛教》、《覺生》、《覺世》、《今日佛教》等，及大陸遷臺的《海潮音》與道安法師的《獅子吼》。臺灣早期的刊物，如《臺灣佛教》的內容，大多偏重禪學，而其他不少刊物不時會出現念佛以及觀音靈感的故事。以《獅子吼》第 18 卷第 12 期爲例，多次出現有關觀音靈感的文章，也報導教界動態，勸善信助印《淨土念佛思想》一書。〔註112〕

　　民國 74 年 12 月，佛光山舉行世界顯密佛學會議，但臺灣各地傳統的佛教寺院辦學還是很保守的。筆者由次年起代替明復法師的教席，到不少名刹的佛學院任教中國佛教史課程，看到佛子素質普遍低落，且多以唸佛—持阿彌陀佛或觀世音菩薩爲主，寺院辦佛學院其一是需要人手，因爲要趕經懺辦法會的緣故。寺院較重視高僧行誼，學子不大重視學術，而大藏經如祖師般，都被供在櫥窗內，拿來瞻仰不是拿來研究。有的佛學院，不喜歡教師在課堂上，談論密宗與禪修問題，說宗教亂象與佛教弊端，更是忌諱了，因各宗派或多或少都有些關連性。她們喜歡僧尼上課，對居士學者大有偏見，只有少數如華嚴蓮社與佛光山叢林學院，習慣聘請學者專家到院教授各種學科與新的知識。當時臺灣觀音信仰很盛，跟明復法師在松山寺辦理《獅子吼》月刊時，碰到的阻礙與難題是學術與信仰之爭垢，當時的佛學院或民間佛教，仍

〔註111〕連雅堂《臺灣通史》〈宗教誌〉，頁 653～657。
〔註112〕《獅子吼》月刊第 18 卷第 12 期（民國 68 年 12 月，松山寺），頁 16 刊登〈觀音靈感錄續編徵求續印廣贈啓事〉文；前引刊物頁 20～23 釋心光的〈削髮爲尼 23 年下〉，多次提到念觀音聖號求感應親身經歷的故事；同前刊物頁 34～36 登載毛惕園撰述的〈淨土聖賢錄七〉，談到民國柏禾生時說：「佛學半月刊第 76 期評曰：『念大悲經咒，亦可往生極樂。』今於居士微之矣！」說到屠祝眉時云：「22 年 12 月屢言家人，已三見觀世音菩薩，行將生西矣！」同前刊物〈教界動態〉文中報導編印《淨土念佛思想》一書，是書由能仁文化中心出版。

多以爲佛學非佛教,而辦刊物著重在觀音菩薩的靈感事蹟之上。辦《佛學藝粹》更加辛苦了,涉及到教派與教義、佛教的傳統與現代化問題;辦《佛教藝術》刊物尚好,因爲有很多觀音與其他菩薩法像,但三者都涉及到經費來源問題。捐款的信徒,都是老修行,喜歡觀音菩薩,每期都想看到觀音菩薩靈感的故事,因爲這些故事能激發其信佛與念佛的力量,而學術文章則否。

　　20 年轉眼過去了,當今的佛教生態,在很多層面上大大有所改觀,如引進各種南傳修學與藏傳佛教,來充實學養;甚至武學氣術、養生醫學、文學藝術、資訊傳播等科目,也在佛學院中傳習。〔註113〕道場的觀念,也改變不少,如今不論僧俗隨處都可以是道場,空中佛學、網路佛教發達,人人可以透過媒體見佛觀自在。部份僧尼對民間信仰也有所認知,寺院常辦理參方活動,以及參與各方學者專家舉辦的學術交流活動等;加上學者專家們寫了一系列的臺灣寺院巡禮與民間信仰的面貌,佛菩薩造型的圖書與書畫藝術,紛紛出現,這都可以促進佛教的現代化腳步,以及佛教對社會的行化加深加劇,因而又促使佛教產生更大更深廣的影響力。此外,宗教信仰與一些民俗、藝術活動結合在一塊,透過宗教領袖間的對話以及宗教與科學的不斷對話,使得臺灣宗教的面貌不得不更加奔放、活潑,濟化的層面與技巧,也比以前更加增上與廣闊。當前臺灣的佛教,可以說是處在蓬勃發展的持續穩定期,不論是在佛教思想論述方面的突破,或是僧尼教育水準的提高,社會事業的積極發展等現象,均有可觀而長足的躍進。

　　近年來臺灣的佛教雖然呈現出蓬勃發展的景況,但急速擴張的結果,仍爲許多學者所憂慮。首先是,每年鉅額的捐款,使得各山頭在擴建之餘,已呈現資本主義化、擴張競賽等弊病。其次是,各組織團體均各依附於某位高僧之下,學者擔心如此龐大資產在這些高僧之後,是否能有足夠號召力及能力之繼承者,使得來不易之成果得以維繫。甚且在各山頭各自爲政,進行資源競賽之時,常出現同性質之建設或事業,如佛教學院、研究所的爭相設立等,形成資源重疊、浪費的情形非常嚴重。諸如此類,均是無一具號召力的

〔註113〕關於臺灣當前佛教的特質,藍吉富〈臺灣佛教之歷史發展的宏觀式考察〉,《中華佛學學報》第 12 期(1999 年 7 月出版)頁 248 云:「當前臺灣佛教的主體,源自第二世代的漢傳佛教,此外,日據時代及光復以後,藏傳、南傳及第三世代的日本佛教也曾相繼傳入,使臺灣佛教的性格,呈現多元而複雜的特質。這種類型的佛教文化,在二千餘年來的佛教發展史中,是頗爲罕見的。因此,釐清這種佛教文化的性格,對於佛教文化型態學的建立,自然能多儲備一種基礎資料。」

組織或高僧，始形成的分散與各自爲政的情形。但從整體而言，在學術、教育、精神信仰、慈善社會事業等方面，臺灣佛教在近年來的成就發展卻是有目共睹的，我們期待如此穩定發展的精神力量，將發揮更大的社會維繫功能，使廣大人民受惠。〔註114〕當前臺灣的學界，有人講究「佛教發展的主體性」，有人關心佛教的現代化轉型。翁仕杰在〈佛教與臺灣社會論壇四—臺灣佛教的自我定位〉文中說：「今天臺灣佛教的發展，如果在思想上沒有辦法針對現代文明或者是現代性的基本價值有所回應，或者是提出一個甚至可以超越回應現代性的弊病，而能在思想上產生現代結構束縛的能力，我會認爲臺灣佛教發展到現在還沒有轉型成功。」〔註115〕佛教在臺灣，山頭各自宏化，不能說是隱憂，而自吹謗他才是隱憂。〔註116〕

　　但客觀地說他們，各自有其所重視的門風化門，不亦可乎？身爲佛子，不論入哪一山頭，修持哪一法門，宏哪一個化門，仍然是不能脫離「世尊的本懷」，但對俗世倫理的鋪陳與濟世的人道本懷，不論僧俗盡形壽也不可須臾或離的。

　　至於對臺灣的觀音廟及其信仰之研究，依據林衡道的說法，民國48年時媽祖廟有383家〔註117〕，而觀音廟有442間，臺灣由於民間篤信觀世音菩薩，山名叫做觀音山的自然也就不少，而信徒不是早晚必念高王觀音經，就是普門品了；而「全臺的觀音廟中，大部份都是道教化了的通俗佛寺，沒有僧尼住持，鄭信佛教的觀音廟爲數較少。觀世音菩薩，普通稱爲觀音佛祖，又稱觀音大士，簡稱爲大士。」〔註118〕林美容說：「根據民國70年底向政府登記有案的寺廟統計資料，觀音廟有572座，比媽祖廟514座還要多。可見觀音信仰在臺灣民間頗受崇祀，但相關的研究卻比不過媽祖研究，其原因恐怕與一般人甚至學界人士，均將觀音歸屬於佛教；而臺灣的佛教研究大部份偏向佛教義理方面的研究，對信仰的實踐探究較少。研究民間信仰的學者亦被這不十分恰當的佛教歸屬所影響，不太注意觀音信仰的研究。」此外，

〔註114〕〈現代臺灣佛教的發展〉，2007年6月26日「歡迎佛乘宗之友」部落格，其網址：http://tw.myblog.yahoo.com/tacoh123。

〔註115〕《佛教圖書館館刊》第44期，民國95年12月。

〔註116〕釋昭慧等〈當代臺灣的榮景與隱憂〉，《弘誓》2003年2月7日，其網址：http://www.hongshi.org.tw/master/arts/buddish25a.htm。

〔註117〕林衡道口述、徐明珠整理《林衡道談俚諺》〈旱溪媽祖大枝腳〉（民國85年3月，中央月刊），頁36。

〔註118〕林衡道，前引書〈SUIKA KANA 觀音〉，頁169～171。

在禮拜祭祀上，乃至於民眾對觀音形態的心像，常是混淆不清楚的。「臺灣的觀音常被稱為觀音佛祖、觀音菩薩、觀音媽、觀音大士、觀世音等，亦有所謂的千手千眼觀音（簡稱千手觀音）或南海觀音。因為被稱為觀音佛祖，有時便簡稱為佛祖，如果不察，還以為是釋迦牟尼佛，因為被稱為觀音媽，形象女性化，變成和媽祖一樣，也有分身，其分身也常被稱為大媽、二媽、三媽等。」〔註119〕因道教教義帶有神仙色彩，故也把觀世音菩薩成為大仙。〔註120〕

　　雖然當前臺灣學者對觀音圖像的考察，很是努力，但對於臺灣民間的觀音信仰、問題及其研究，以及民間對觀音修行法門持甚麼樣的態度，這些課題真的還要努力。如同星雲法師說的：「一般人總把民間信仰歸於道教，這也是佛道不分的主要原因之一。」〔註121〕神佛不分只求觀音靈感的故事，在臺灣總是多見，陳慧劍在〈故園舊事如夢〉提到證嚴法師的生平時說：「住在清水時，正當中日戰爭，每逢空襲，聽到警報便跑，當時有人唸觀世音菩薩名號，同時清水的一些神佛不分的廟中，也供觀世音菩薩。於是到了民國41年，法師15歲時，母親罹患急病胃穿孔，須要開刀；當時開刀是很危險的事，因此在母親病中，便虔唸觀世音菩薩名號，為母消災。」〔註122〕「民間信仰不但佛道不分，而且神佛同時供奉，在很多的媽祖廟都供有觀世音菩薩；一般家庭，尤其是經商的店家，也往往把彌勒佛當財神爺供奉。」〔註123〕

〔註119〕林美容、蘇全正〈臺灣的民間佛與教與巖仔的觀音信仰之社會實踐〉，其網址：http://ccbs.ntu.edu.tw/FULLTEXT/JR-AN/an109122.htm。
〔註120〕林衡道，前引書〈SUIKA KANA 觀音〉，頁171。
〔註121〕釋星雲《佛教對民間信仰的看法》（2008年12月，香海文化），頁11。
〔註122〕陳慧劍《證嚴法師的慈濟世界》（民國77年12月1日，花蓮佛教慈善基金會），頁4。
〔註123〕釋星雲《佛教對民間信仰的看法》（2008年12月，香海文化），頁30。

圖 5-30　玄英的宗教之光

　　民間神佛爲何有廣大的信眾呢？爲何媽祖廟還供奉觀音像呢？星雲法師說：「民間信仰爲何會有那麼多人信仰媽祖，我想必然她有爲人所需要的地方。再說媽祖其實也是佛教徒，她是信仰觀音的，所以現在媽祖廟也很有道義，很多媽祖廟都設有觀音殿。媽祖跟觀音一樣，有是有情有義、救苦救難。」〔註124〕道教徒在媽祖廟設觀音殿，這表明了觀世音菩薩在他們心目中的地

<hr>

〔註124〕釋星雲，前引書，頁44～45。

位。顯密很多的行法，是觀音法門，行人在修法時常提到感應，那感應是甚麼呢？陳海量居士在〈感應釋疑〉文中說：「眾生祈禱佛菩薩叫做感，佛菩薩救濟眾生叫作應，感通貫通以後，苦厄就能度過了。」〔註125〕但顯密行人對感應的看法，或有一些差異，一強調修證問題，一著重宣化，但唸佛者同樣以空性、真心與心佛一如為基本要件。〔註126〕也同樣強調學佛人，要跟善知識學習，多親近善友砥礪道學、發菩提心。臺灣人喜歡跑道場，會靈山，就佛教與民間信仰來說，這是因果與因緣使之然。跟哪一個寺廟宮廟有緣，跟哪一種修法契合，都是因緣與根契問題，不需要大驚小怪。誠如《華嚴經》所云：「若人欲了知三世一切佛，應觀法界性一切唯心造。」

　　臺灣的佛教信徒，林林種種，有的初信途路不得力，產生一些奇怪的心行。許景量在〈今生今世佛緣成熟時〉文中說：「佛教徒並不是像一般世俗人所誤認為的那樣食古不化，消極逃避，小小年記就吃齋念佛，或者有人會認為佛教徒很孤僻，好像與眾不同似的，反正一提到佛教徒就頭以異樣眼光。其實您或許在生活中見過行為怪異之佛教徒，那只其個人修養上或對佛法認知上的問題，基本上佛法是沒問題的，只是問題出在人的身上。」〔註127〕顯教信眾念佛求感應，對此妙蓮法師說：「唉！這許多疑問，實令我答不勝答，即使解說明白亦難令其接受。因為一般人信佛，都只求隨心所欲，即刻就要滿意；待到明日，那就不靈啦！」〔註128〕有疑未解，實是信佛的一大障礙，後來其見陳海量的《可許則許》、《之己知彼》、《建設佛化家庭》三小冊子，乃藉此獻佛，印出廣為流通。其在《可許則許》書的封面上題日：「大慈大悲，

〔註125〕陳海量《可許則許》，頁62。

〔註126〕釋妙蓮《法海釋疑》「念佛修持」〈民國85年10月，靈巖山寺〉頁31云：「問：『見到佛，是佛來讓我們見嗎？』答：『佛也沒有來，你也沒有去，佛無來無去，無來無去才是佛。只要心一靜，心佛一相應就能見到佛；佛是遍一切處的，何處沒有佛？連我桌上的衛生紙裡都有佛性。不過在這地方我有個交待：見佛也好，不見佛也好，大家相信因果就好了。即使見到佛，也要分辨一下：尤其老太婆們，不要以為：我見到佛了，我見到佛了。說不定是見到魔。』」另見李振明《修密基本問答》「學密行者為何見到上師要頂禮」（1997年11月，諾那華藏精舍），頁53云：「上師總攝佛、法、僧三寶，等同一切金剛佛。顯說上師代表釋迦牟尼佛傳法。密說上師則為一切如來金剛心佛為弟子灌頂，凡心必藉上師聖心滌，才能真心與淨密相契合。上師修法時，十方諸佛皆來右繞三匝，向之作禮歡喜讚嘆！以說法者與修此法者，已與佛同。」

〔註127〕許景量《平常心是道》（1998年7月，禪門佛教文化），頁34。

〔註128〕釋妙蓮《法海釋疑》（民國85年10月，靈巖山寺），頁44。

觀世音菩薩！我們愚蠢，所求的事；可允許的，就請允許；不可許的，雖求不應。」其強調修好因才會有好結果，且云：「你必要有誠心眞實行動之感，菩薩才會給你隨心所求之應。」

臺灣佛弟子們，還關心帶業往生與臨終佛菩薩的接引問題，這涉及到心願與彌陀或觀音菩薩相應不相應問題。妙蓮法師在〈念佛修持〉文中說：「不論三聖或觀音菩薩來接引，你信心堅固就好了嘛！其實佛有沒有來接引你，你不一定知道！中、下根的人，阿彌陀來接引，他自己也不知道啊！就像嬰兒一樣，被別人抱著走，他根本都不知道。上品往生的人，觀音菩薩、阿彌陀佛來接引，當然他會知道。」〔註129〕至於一般人如何修行，妙蓮法師在〈居塵學道〉文中說：「早上，初上來就這樣做—誦普門品、拜觀世音菩薩，以後熟悉了，課程就可依個人的時間增加；比如加誦大悲咒七遍或十四遍、二十一遍，功夫久了自然就會進步。如果可能的話，在誦一卷無量壽經或金剛經；心經、金剛經，再禮拜、稱念觀世音菩薩名號，這就好了。」〔註130〕臺灣多有信眾，「因一經一句一字相應，而漸漸學佛」；或有因夢佛、見佛菩薩像、看佛書或聽聞報導，信入而成爲佛子者。〔註131〕

當前臺灣顯密佛教不斷地對話、交流‧融通，使得信眾更有機會去接觸以前難得傳授的教法，也逐漸瞭解哪種行法對個人來說是契合的。佛教有權教、實教，以臺灣人喜歡〈普門品〉教法爲例，有問：「密宗佛相爲忿怒像相居多？」答說：「諸佛菩薩對於信仰佛法之眾生，即現慈悲相、歡喜相度他。對於極不講理之眾生，即現大忿怒相度他，此爲菩薩度眾生之道理。」佛菩薩救度眾生，亦不捨惡人，所以有其種種方便的大悲心示現。「祖師設教，均用愚民政策以度初基，令其知其然，而不知所以然，是爲眾生密，亦即人爲密。」如婆羅門教有奉馬頭神爲教主，祖師則入觀音菩薩三摩地，生起馬王金剛而教化之；有修習氣功者，祖師則入阿彌陀佛如來三摩地，生起紅色觀

〔註129〕釋妙蓮，前引書，頁71。

〔註130〕陳海量《可許則許》〈前言〉，頁1～2 妙蓮法師於民國85年2月云：「我在香港自修時，仍然免不了常有信眾問佛、問法、問感應等事。他們問：『我信佛已多年了，常供養三寶，亦常參加各處法會，而且常勸人行善；怎麼我老是身體不好？家境也未好轉，兒女求學、求事都是不發達？這眞是難令我退道心！我到底該怎麼做，才能得到感應呢？有了感應才好交待家人啊！否則他們問我信佛，佛爲何不保佑？我沒有具體的事實感應可回答呀！』」。

〔註131〕參見許海量〈從西洋到西方〉（1998年7月，靈巖山寺印行《平常心是道》），頁23～54。

音而教化之；「以上所說種種施設，均用觀世音菩薩普門三昧，三十二應乃至八萬四千應，隨一切眾生之根器而度脫之，是爲眾生密，亦爲權教。此種教法必先從有門入手，乃至眾生密修成後，開權顯密，說有破有，立空破空，說止破止，說觀破觀，出相破相，乃至於無一法可得，是名究竟涅槃，即是龍樹菩薩所提到的之四門教法，是爲實教。」〔註132〕

　　世人誦觀世音有何意義呢？人們崇拜觀世音時，不僅能獲得心靈的安寧與希望，「而且觀世音以無限變化出現的思想，也給我們心中對世界一切產生畏敬之心。因爲觀音菩薩不知何時何地，變化何種形像出現。」世人誦觀世音，其最大意義何在呢？「自然是想行觀音的菩薩道。」臺灣的觀音信仰很盛行，但觀音信仰最令人注意的是：「在一切眾生中，能見觀音現身的思想；一切眾生中，都可能是觀世音菩薩所化身的思想。」〔註133〕這種世界觀，是一種生命文明，不同於物質觀所造就的文明，所以有一天東方思想的生命問題成爲世人哲學家思想問題的中心議題時，有不可思議變化的觀音菩薩的思想，仍然是含蘊著讓人汲取不盡的、深奧的、普世的生命智慧與倫理。所以臺灣的觀音信仰，在未來可能會成爲一門顯學，同時也是學者專家們極想要去研究的對象之一。

　　以往的中國乃至於臺灣民間崇拜的神靈，多有靈異傳說，如觀音與媽祖等，因此臺灣多有供奉觀音佛祖、觀音菩薩的小神壇與廟宇。而一些藝術收藏家與外國人喜歡中國的菩薩像與神像，他們透過管道把神壇或小廟中的神像運走，有些古神像當廟宇修新時，也就失蹤了。〔註134〕臺灣收藏神像或菩薩像的人很少，一般人認爲那是神佛的東西，不禮拜了也要善加處理掉，不然是不恭敬的，還怕有事！席德進說：「今天我們眼看著這傳統的美好的民間藝術品漸漸消失了，或變粗劣了，莫不感嘆！而且國人對民間藝術很少保存和收藏，大都認爲那是匠人的東西，沒有價值，不是隨便丟棄，就是被古董商收去轉手賣給觀光的外國人攜走。中國數千年來偉大而豐富的民間藝術傳統，將不會再出現在更年青一代的中國人眼前了。」〔註135〕國人不珍惜古物，對遺產的保存無概念，這對於考察臺灣民間神像的信仰，產生了不少的難度，

〔註132〕李振明《修密基本問答》（1997年11月，諾那華藏精舍），頁33～34。
〔註133〕賴傳鑑主編《佛像藝術》（民國69年8月，藝術家出版社），頁119～120。
〔註134〕席德進《臺灣民間藝術》「神像」（民國78年4月，雄獅圖書），頁40～41。
〔註135〕席德進，前引書「總論」，頁19。對於神佛像的翻新問題，參見席德進，前引書〈神像〉，頁39～40。

觀音信仰也是一樣。

　　日治時期乃至光復以來的佛寺，雖然多以釋迦、彌陀爲主尊，但寺院內配奉觀音或另闢建觀音殿，已是普遍的風氣，可以說：「沒有一座佛寺內看不見觀音菩薩的，因此各種式樣的觀音像，便成爲臺灣佛教造像的大宗。」郭祐孟在〈臺灣早期的觀音美術〉一文中說：「臺灣觀音像的源流，主要來自『觀世音』和『大悲觀音』，觀世音代表大乘佛教經典中的聖觀音形象，大悲觀音所表現的內德和度化能力則是密教多首多臂變化觀音的形象，以大悲咒本尊千手千眼觀音爲集大成者。前者著重禮讚觀世音的清淨心行，後者則特別強調觀世音大悲拔苦的能力，兩者從觀音菩薩的兩個面向方便展開對這位大乘佛教理想尊格『理』與『事』的詮釋。從唐代開始，這兩大系統儼然成爲中國佛教千餘年來的主流，分別在僧侶、居士、庶民百姓的心目中建立了不可取代的地位。」〔註136〕而臺灣觀音圖像的製作，乃是源於禮拜觀音法相及修持觀音法門的需要而來的，這包含著僧侶、居士及庶民的多層次信仰觀。因此，在探索臺灣觀音像的同時，對於相應的經典儀軌、修持方法及社會民眾的精神結構，不能不加以重視。只有將義理（體）、圖像（相）、法門（用）完全結合，並觀察信仰結構變遷的軌跡，輔以歷史、社會等諸種解釋，才能彰顯臺灣觀音造像之美以及其圖像之精神內涵。

〔註136〕郭祐孟，前引文；另見 1999 年 4、5 月《普門雜誌》第 232、233 期。

第六章 海峽兩岸宗教文化交流概況與展望

提　要

　　從臺灣未來的可能作爲來看，發展兩岸關係，以及謀求國際生存的發展空間，已經成爲中華民國長期策略的目標。然而爲了避免臺灣的經濟太過於依賴大陸，從而弱化日後臺灣在與中共談判時的籌碼，危及到臺灣的獨立自主性，政府將會力圖把兩岸的關係國際化；然而臺灣是否能夠如願地達成其政策目標，臺灣內部是否團結一致，將是一個十分重要的關健性因素。[註1]在兩岸從 1979 年以來政治的發展陷入僵局時，兩岸的文化交流以及大陸的善意回應臺灣的一些措施，使得兩岸的統一變成可能性，從而引發了學者專家們研究分析、探討中國統一的新思維以及臺灣將來走向的新進路。

　　但在我國現實政治上，存在著一個基本的問題，那就是國家的主權、認同與地位的問題；民進黨主張的臺灣獨立建國，並不能改變什麼現況，但對臺海和平的局面具有高度的危險性，不易被華人社會所接受。學者認爲，朝野兩黨對中國前途如能逐漸取得大同小異的共識，生命共同體的理念才能落實，我們的政黨政治才會趨於穩定、成熟。[註2]

　　兩岸或爲了一個中國，或爲了自身的前途，不斷在進行會談、交流與競

〔註1〕 吳新興〈變遷中的兩岸關係與今門未來的發展〉，《金門未來發展與前途座談會實錄》（民國 82 年 10 月，金門縣臨時縣議會），頁 44。
〔註2〕 黃誠〈展望冷戰時期的金門發展之道〉，前引書，頁 33～34。

爭當中,將來會產生甚麼樣的景象,被一些深涉其中的人們所關注的、所留心。就金門、澎湖的民眾處境來看,或說:「首先,我們要面對現實,承認金門、澎湖很小、很弱,我們只能憑藉著政治現實與理想來作抉擇。兩岸政治、經濟、社會、文化的各種比較,我們目前要承認中華民國還是比中共要好,因此我們沒有理由、沒有實力不靠向臺灣。」那以後呢?又說:「所謂的以後,是指國統綱領的長期階段,或是中共的一國兩制以後,那是自然或非靠不可的事;但是現在不必預設、也沒有能力去預設,只能看清現實與理想,這就是臺澎金馬的生命共同體。」〔註3〕中共喊出一國兩制的口號,對於臺灣只能給一點比香港好的善意,不能改變中國對臺灣的垂直性統治構想與國策上的理念

　　在金門 82 年 6 月 16、17 日兩天的研討會中,學者專家大致上已經談論出將來兩岸可能的走向。兩岸關係的發展,宜以安全、漸進為原則。〔註4〕研討會後,10 多年頭過去了,經過扁政府的統治,如今到了馬政府時代,其原則還是如學者專家所說的:兩岸的關係正在快速變遷之中,可預期的未來,兩岸關係將會日漸改善,並產生一種「合作而不統一」、「分裂但不分離」的政治局面;更具體地說法是,今後兩岸的關係,有可能會是一種「經濟合作互賴、政治分離對峙」的情勢。〔註5〕海峽兩岸的將來,也可能是另一種模式,兩岸有三個主體,一個是中華民國,一個是中華人民共和國,另一個是整個中國;這或許強調尊重歷史、尊重現實、以人為本的臺灣人的心聲,但中共當局會同意嗎?〔註6〕

　　中共人士談及宗教,總會是引其憲法說明對宗教的信仰自由與維護諸問題,此外還有一些具體的作為。羅偉虹在〈三自愛國運動使中國基督教實現了根本轉變〉一文中說:「1957 年以後,由於左的思想影響,三自運動所提出的一些目標和任務,沒有得到很好落實。文化大革命期間,正常的宗教活動遭到破壞,三自運動同樣受到創傷。1978 年 11 月黨的十一屆三中全會召開以後,宗教工作實現了撥亂反正,基督教重新開放教堂,恢復活動,建立健全組織。」〔註7〕中共的宗教組織是指自辦宗教,接受政府管理、指導的宗教。

〔註3〕　李增城〈金門的前途在哪裏?〉,前引書,頁 23。
〔註4〕　陳允火〈海峽兩案經貌問題之剖析與金門之定位〉,前引書,頁 15。
〔註5〕　吳新興〈變遷中的兩岸關係與金門未來的發展〉,前引書,頁 49
〔註6〕　社論〈繫鈴是北京解鈴亦在北京〉,民國 96 年 6 月 9 日《聯合報》焦點 A2。
〔註7〕　劉建等主編,《宗教問題探索——2001 年文集》(2002 年 7 月,宗教文化出版

中共一些人士，認為：「要防範邪教人物利用鬼神迷信作為自己的目標。」或說：「高級宗教雖然也各有其迷信成份，但都把反對迷信作為自己的目標。」對於近代宗教面臨調和信仰與科學的趨勢，中共學者還是大談科學實踐，或說：「只要宗教謹守其形而上的位置，而不僭越，它與形而下的科學也就可以相安無事。」求真、求善、求仁的法輪功，遭受批鬥是必然的因果。鍾國發在〈國情論獻疑——對漢族宗教的根本誤讀〉文中說：「要從根源上解決邪教，則要靠改革社會的實踐。」生長地很是重要，異鄉漂泊一久，難免失卻滋生的土壤。談到李洪志後，他接著說：「辨析古代中國宗教問題的現實意義，在於更準確地把握中國國情。中國歷史上的宗教相當發達，內容豐富，形式多樣，影響深遠；而這既是一個包袱，又是一筆財富，燦爛的宗教文明是燦爛的中華文明的有機組成部份，值得我們認真地總結、清理，批判地繼承。這對於我們當前正確地處理宗教問題，搞好社會主義精神文明建設，都是很有益處的。」〔註8〕我們看宗教問題，把我們做小，他人的問題看大，尊重之、關懷他。而共產人士卻把唯物科學看大，把人心管轄得更加的微小，甚至說別人信的是邪教，宗教觀光、宗教寺院，真的是他們的財富，不僅當它作為文化資產了！

　　兩岸在宗教管理與人民宗教信仰的自主權上，真是異路。透過宗教的交流，到底能促進兩岸的甚麼，真還有待觀察。在大陸傳教或作文化交流，兩岸的人民持續在努力當中，但前景是否看好，大陸法令的鬆綁是一大契機，這也是教界人士所企盼的。本文除了「緒論」與「結論」之外，分「政府播遷來臺兩岸的宗教分歧」、「探親名義下的宗教接觸」、「兩岸政權對宗教交流的態度」、「對宗教文化交流的展望」、「對金門澎湖的建言」、「宗教文化熱潮」等單元來探討。

一、緒　論

　　自從 1987 年 11 月，政府開放大陸探親以來，國人前往大陸的人數漸增。在這些赴大陸的民眾中，有些是學者、宗教領袖及一般信徒，他們前往大陸的目的，除了探親、旅遊之外，還包括文化教流，甚至試圖建立起兩岸對應組織間的聯繫。以軍事為例，兩岸已邁入實質性對話，元樂義在〈整合退將

社〉，頁 129。
〔註8〕 劉建等主編，《宗教問題探索——2001 年文集》，頁 63～64。

經驗為軍事互信鋪路〉文說：「國軍退役將領到大陸參訪，行之多年，早期對話以遏制臺獨為主，經胡錦濤呼籲，近年來的交流，轉向軍事互信，兩岸一場軍事交流的大戰，眼看就從退役將領中率先登場，並以許歷農4月初率23位退役將領登陸受到高規格接待而拔得頭籌。不過，這僅是一個開始。就中共而言，他們需要的對象，不是個人，而是群體；內容不是高談闊論，而是經過授權下的對話。（中略）遺憾的是，我方退伍將領各意為戰，解放軍則是連成一體，與臺交流形成系統；我高層應盡速整合各方資源，才能在日後的軍事互信中步調一致。」〔註9〕

當前兩岸已進入實質的交流與對話，兩岸直航已成事實，陸客來臺觀光人數逐年在增加當中。許俊偉在〈陸客瘋臺灣日7200件延至月底〉文中說：「上海世博會如火如荼展開，大批內地民眾湧進世博，並沒有衝擊陸客來臺興緻。陸客團一波波，阿里山、日月潭、故宮和101大樓等陸客必訪景點，遊覽車走了又來，天天都被陸客團攻陷（中略）旅行業者說，隨著兩岸觀光準官方機構木前相繼批次掛牌，大陸方面甚至還宣布將開放所有省市來臺的兩岸觀利多，陸客來光光勢必持續發展，甚至更火，若不及早主動協商調高美日限額，現行緊急挪用餘額的機制，總有用完一天。」〔註10〕大陸觀光客來臺、陸生來臺已經勢在必行，如何管理與教育，真是問題，陸客來臺且帶五星旗來揮揚，政府真的視若莫睹，國人僅能竊說而已。

如今兩岸經濟的匯合是如火如荼地開展，兩岸在合作的項目上，已是多元而全面性的，尤其科技、經貿與房地產上，〔註11〕企盼共創雙贏。臺海兩岸不論是政治、經濟或者是文化上的交流，對身處脈動中的臺澎、金馬皆有所影響，所以實有必要作一番剖析。因此，本文試圖從臺灣海峽的宗教分歧、探親名義下的宗教接觸、兩岸政權對於宗教文化交流的態度，來探討兩岸宗教交流下的一些思維與展望。

二、政府播遷來臺兩岸的宗教分歧

近代中國，隨著王權的無限伸張以及官僚組織的日趨繁密，宗教被納入管理體系之中，宗教的生存發展依賴帝王的喜惡與士夫的心態，而民間信仰

〔註9〕　《中國時報》，民國99年5月10日「兩岸新聞」A12專題報導。
〔註10〕　《中國時報》，民國99年5月10日「兩岸新聞」A12臺北報導。
〔註11〕　《聯合報》，民國99年6月9日「遠雄特刊」S2。

能標榜儒家的官僚士夫所姑容，而得以流傳，實為統治的需要且儒家思想中仍有相當程度的非理性成分。〔註 12〕中國如依然維持封閉性的帝國，則宗教信仰則當罕有大的變革，然因潮流所趨中西間的接觸逐漸趨繁複，使得此間政治、經濟乃至社會文化層面都面臨極大的衝擊，以在中國最盛的佛教為例，因鴉片戰爭開啟帝國主義侵略中國的大門，而中國北方佛教已毀於白蓮、天理等教匪之亂，南方佛教復受太平天國之厄，其生機幾已斷絕，此時因帝國主義入侵帶來的宗教條款之後遺症，致佛教飽受內憂外患，若非教內緇素四眾若心孤詣，保存他教元氣，則中國有可能淪為新大陸本土宗教淪喪之覆轍。

　　民國以來佛教的發展，是幾經波折的。黃運喜先生在〈中國近代佛教史研究題目發掘與試擬〉中說：「民間元年至 38 年之佛教，在本質上有許多繼承晚清者，苦僧教育在清末有楊文會之『祇洹精舍』創建，其所培養之門人太虛大師、歐陽漸等人，則在民國初年大放異彩。晚清『廟產興學』造成一般風潮，到民國 19 年邰爽秋等人又舊掉重提。民初復興各宗派之祖師大德，其養成教育及修持基礎均來自晚清，……部分開明僧侶亦思辦僧學堂，以發展僧伽教育對抗政府的廟興產學，中國佛教走向近代化的途徑，與清末民初各地僧學堂（佛學院）之創建有密切的關係。此外，部分有心之士，見佛寺因辦學堂，或改做工廠，或為兵營盤踞，極少繼往日之興盛，逐自覺的起而維護；或改造其組織，成立講經會、居士林、研究會；或加強其儀式；或闡揚其義理，發行雜誌刊物（如佛學叢書、佛教月刊）；或籌組印經會，傳印其經點並流通文物，使民國初年佛教義學之研究勃興。」〔註13〕

　　而軍閥割據對宗教界影響也是頗大的，當時民間也興起了破除迷信運動，寺廟招到毀壞的情形，明復法師在〈當世因果親歷記—夏邑彭震之死〉文中說：「彭震，是河南夏邑縣有名的正直紳士。清末，維新之風，披靡士林，他也棄舉業，遠走日本，研習法政，故多與北洋政府軍政巨擘相識。民國 10 年以後，軍閥割據，吏治敗壞。他則蟄居家中，獨善其身，曾辦一新制中學，培育鄉人子弟。彭氏一族，世居縣東太平集，地當渦、濛諸水交匯之所，農商均極發達，富戶特多，久為群匪所垂涎，居民喘喘不安，倡議建寨。眾推彭震為首事，他也念及桑梓安危，責無旁貸，遂慷慨就任，毫不推辭。然而欲修建綿延十里之寨牆，所需材料，倉促間無從求取。彭震向以通達西洋學

〔註12〕　《獅子吼》第 24 卷第 6 期（民國 74 年 6 月出版），頁 58～65。
〔註13〕　《獅子吼》第 30 卷第 11、12 期合刊。

俗自許，平常反隊鄉里敬信神鬼，這次既有首事之選，便想乘機破除迷信。乃倡議驅逐僧、道，拆毀寺廟，移其建材，充作修寨之用。眾執事聞之大嘩，不敢附合。他即向之勸募樂捐以要脅之，眾不願出私財以濟公務，方始聽從其議。於是他大集村民，各持農具繩筐，前往諸寺毀像拆屋。然而鄉民久遠以來，敬事鬼神，早已成為第二天性。彭震率之，抵達廟中，見到廟貌儼然，心懷敬畏，不敢動手。彭震依科學見地，委婉開導，又廣泛說土匪罪行，激發其義憤。而鄉民終不敢行動，於是他在神前焚香禮拜，說明拆廟理由。而後又編了兩句口號，教給鄉民，說是：『不怨官，不怨民，只怨彭震一個人。』鄉民見他一身承擔，方始動手拆毀。數日之間，四鄉諸寺廟，俱皆夷為平地，而嚴整之寨牆，也即告竣功。不意，數日後，彭震鼻端忽生一瘡，初無苦楚，繼見紅腫。三五日，目潰、鼻落、舌折、喉穿而死。諸鄉紳大懼，集招僧道，作經懺，以求消災。有匪名張黑妮者，聞其事，乘機攻擾，毀新築寨牆，大略而去。彭震之孫華晏，與我為中表兄弟，抗戰前，任職憲兵部隊，常與我往來。我聞彭震死事於先慈，就華晏證之。華晏云：非止事實如斯，尚有過份玄虛，不便為外人道者。我再三問，終不說，今已無從探索了。」〔註14〕說因果業報的事，終究抵不上戰爭所帶來的損害。

國共內戰之後，民國38年大陸淪陷落於共產政權之後，海峽兩岸佛教分歧之處越來越多。共產黨人堅持以辯證唯物來解析世界的一切現象，他們認為宗教麻醉了無產階級的鬥志，乃欲藉對宗教的批判來改造社會。中共認為：「宗教問題，一方面是人民群眾的信仰問題，即思想問題；另一方面在階級社會裡，又是階級鬥爭的工具，即政治問題。因此必須在宗教界進行反帝國運動和社會主義教育運動，以劃清敵我界線和根本改造其政治立場。意識形態上的分歧（又神與無神）則是可以立異與存異；宗教信仰自由政策就是為了立異與存異，目的就是便於正確處理這一人民內部矛盾的問題。」然中共所謂的信仰自由有一先決條件，即是不能違反公產的唯物辯證法和共產的利益。這與一般尊重人性尊嚴與個人自覺的宗教，在本質上相違背。所以中共政權統治下的大陸，宗教信仰自由一直受到侵害。從五十年代起，中共官方正式認可天主教、基督教、伊斯蘭教、佛教和道教等五種宗教，並建立官方組織直接加以控制，任何未經許可的宗教活動都在禁止之列。1982年，中共統戰部發佈七項禁令：一、禁止開設私立寺院教會。二、未經許可不得舉辦

〔註14〕民國74年5月，《獅子吼雜誌》第24卷第5期，頁29。

皈依、施洗等入教儀式。三、禁止印刷佛經、聖經及書刊會報。四、禁止與國外寺院教會聯絡或購買書籍文物。五、禁止在生產隊及人民公社內傳教。六、除星期日外不得禮拜。七、禁止向未滿十八歲青少年傳佈宗教思想。此政策推行之下，佛教變成統戰工具，寺院變成觀光勝地，宗教精神隨之淪喪殆盡。〔註15〕另據北京81年3月15日美聯社電云：鑑於蘇聯東歐集團解體的教訓，爲防止大陸宗教領袖可能暗中破壞公產黨統治，中共於一1989年起，即開始對大陸的各種宗教活動展開鎮壓整肅。據美國華盛頓一人權團體指出，從3年前中共對於宗教的整肅行動開始，至少已有四百名大陸基督徒遭到囚禁，其中甚至有人被囚禁六個月之久；另外，就所知，至少仍有86名基督教徒和天主教徒目前人在獄中，實際的人數可能更多。（中略）中共大陸人民擁有完全的宗教自由。中共對宗教的整肅行動，一部分由於宗教信仰在大陸的日漸普及。（中略）據香港聖心堂估計，大陸約有四百萬天主教徒在這些私建教堂裡進行活動，由於天主教會在國際間擁有極大的勢力及影響力，因此這些私建天主教堂裡進行活動，爲中共當前整肅的對象之一（中略）除了私建教堂中爲數約兩萬人的基督徒亦爲中共整肅的對象之一（中略）除了私人的宗教活動被禁止外，經中共官方認可的教堂宗教活動，亦在中國嚴密的監督下進行。各教堂的主持人被迫每週向中共提出報告，有多少參與參與教會服務活動，多少人受洗，多少人參加禮拜，甚至多少人到教堂尋求告解。另一方面，宗教活動和民族意識互相連結的西藏及新疆，更是中共中央關注的焦點。在西藏中共以驅逐了數什位參與獨立運動的喇嘛；在新疆，據中共中央官方表示，指示在1990年1年間，就已經關閉或拆除了超過兩百間伊斯蘭學校和寺廟，而其原因，無非是中共擔心分離主義興起，破壞共產黨的統治權威。〔註16〕

　　中共擔心的是威權政治的鞏固，但實施共產制度的結果，造成經濟上的困境。臺灣的經濟奇蹟，使臺灣的僧侶有錢了闊了，想起大陸的祖師年久失去聯絡與孝順，祖廟遭俗人霸佔與失修，勃然興起大陸之行。有的組成祝壽團，有人帶數萬臺幣修廟，大陸同胞眉開眼笑之餘，似乎勾起了對佛教的信仰，讓中共當局緊張，一度嚴禁臺灣僧侶入境，但基於某種需求不得不做適

〔註15〕　參見拙著〈中共的宗教理論與政策〉，《獅子吼雜誌》第24卷第5期（民國74年5月15日），頁26～29。
〔註16〕　《中國時報》81年3月16日「大陸新聞」）。

度開放。據林本炫在「第一屆兩岸宗教文化交流座談會」中云：「臺灣的佛教界，可能對中共社會主義下的宗教政權，沒有初步探索，開放探親之後，有一點一頭熱的情況。我們都知道，共產主義本身是無神論，為何最近又會開放宗教信仰自由？這是一個矛盾，關於這矛盾的情況，我們認為這不過是一總統戰的伎倆，或者說是為了開放寺廟作為觀光之用，以賺取外匯。〔註17〕中國跟臺灣對宗教信仰的定義與本質，基本上是不相同的，中共所謂的宗教信仰自由，是有其前提與顧慮的，但只要社會主義建設完成，這些人（已經有宗教信仰的少數民族）的思想觀念會改變，或下一代就不再信仰宗教了。中共「不希望所謂外在資本主義的宗教勢力進來，影響到內部宗教的繼續發展基本上他只承認既有信仰者的信仰，不希望擴大信仰。所以，他對外國勢力，包括基督教、天主教，都在禁絕之列。這是大家都很熟悉，但因為大家都太過熟悉基督教、天主教的情況，而忘了佛教也是他防範的一個範圍。在這情況下，我們臺灣的民間信仰者，或佛教界到大陸，從事所謂宗教交流時，就會產生一些問題。」〔註18〕這些問題，主要是指金錢、經書與傳教會對中國境內產生一些影響。

　　反觀臺灣的佛教，自從政府撥遷來臺之後，在安定的政局之下，高增大德仍延續著傳統的步伐邁進，轉化日據時代留傳的齊教信仰使趨正信，並隨著傳戒、講經說法的風行，以及佛學院的設立，研究義學的居士急速的增加，頓使佛學研究成為當代顯學。日前，佛光山、慈濟功德會、佛教會等等籌辦的事業，正如火如荼的展開，但以我執我見且是山頭林立的鬆散僧伽組織，加上破脆枯萎的子孫廟經濟型態，是否能面對急劇變動的世局，並擔荷起如來普渡的宏願，教界中已有甚多人士大力呼籲整合，並盼僧團有一番前瞻性的願行。

　　源自中國的道教，長久以來就存在著中國人「寧為雞首，不為牛後」的特質，因此多數道教宗派雖被國民黨視為選舉時可動員的勢力，但平常他們也像佛教與學閥一樣各擁「山頭」，各有各的勢力，隨誰也不服誰。然而經由總統府資政邱創煥所主導的「國家發展策進會」，有意整合這些勢力，希望成立「國策會要擎起宏揚中心」，讓道教以團體之力，再創道教的新紀元。張述芳在〈國策會擎起弘揚道教的大旗〉一文中云：「中華民國道教副秘書長張樨

〔註17〕〈第一屆兩岸宗教文化交流座談會紀錄〉，《兩岸宗教現況與展望》（臺灣學生書局出版，民國81年10月初版），頁299。

〔註18〕林本炫，前引書，頁301。

說，道教在經過歷史上，幾次外族主宰的迫害後，不少教義已然失傳，徒留下道教的儀式在民間，令許多實際已是道教信徒的人，只知照著長輩一代代地去做，卻不知這麼做的真正意義。所以，邱創煥說，『道教宏揚中心』就是要將所有的教育整理出來，並透過下式培訓出來的專業傳道師，讓信徒真正瞭解道教的教育，且能使不肖的神棍相對的消失。因此，在今年 2 屆國代選舉前，國策會的人就開始拜訪國內 78 所大型的寺廟宮觀，表達此一想法並做意見的溝通，同時他們也開始著手收集道教教義方面的資料與書籍，且能使不肖的神棍的相對消失。因此，在今年 2 屆國代選舉前，國策會的人就開始拜訪國內 78 所大型的寺廟宮觀，表達此一想法並做意見的溝通，同時他們也開始著手收集道教教義方面的資料與書籍，且展開網羅傳授教育師資的工作，並積集地尋找適當的上課訓場地。這些工作雖因選戰而暫告停頓，但他們將於近日再恢復此一工作，他們將在取得國內大型寺廟宮觀的同意後，召開『道教宏揚中心』的成立大會。國策會對這個中心的期望是，藉此將各宗派的教義，保留下不同的小宗旨，但整裡出來相同的大方向，另外除了多為道教培養出合格的傳道人之外，並將栽培對道教教育有研究的人，共同編纂老嫗都能看的懂的通俗的『道教教義文庫』，使道教信徒因為瞭解自己在拜什麼，為何而拜，而能恢弘道教真正的影響力。」〔註 19〕兩岸道教在作文化交流之後，臺灣的學者專家也在檢討臺灣道教與民間新興宗教間的關係，因為「大陸對民間的一些道的團體，基本上仍然是忌諱的事情。」臺灣有些團體進入大陸，「不一定會說是某某道，而只說是道教，但大陸是分得很清楚的。道教只的是全真、正一，而某某道則不一定是道教。」臺灣人的作為，恐怕會影響大陸當局對所謂正統道教的看法，李豐楙說：「他們對民間信仰，基本上還在忌諱階段，所以也應提醒我們一些民間的新興宗教，在臺灣興教，固然是一種優勢，但是大陸在基本上仍然有相當的禁忌。如果要去大陸從事某種活動，真的必須講究相當的技巧。（中略）所以兩岸溝通以後，變成教會每次開會時，就要處理這些事情。」〔註20〕

　　臺灣的社會，隨著憲政的逐步落實，依法而治的精神昂揚，并因四十多年來經濟的卓越發展，現代化的呼聲高漲，社會的族群活動更趨活絡，各教團也面臨著整合與開創新局的挑戰，彷彿誰落伍即遭時代風潮所湮滅。形勢

〔註19〕　《自立晚報》，民國 81 年 1 月 4 日第 13 版。
〔註20〕　〈第一屆兩岸宗教文化交流座談會紀錄〉，《兩岸宗教現況與展望》，頁 299。

甚爲緊張，然自開放大陸探親後，宗教界面臨到一嶄新的局面，爭先恐後將其傳承傳承與文化發展空間伸向大陸，致使本土教團間的衝突，由緊張而緩和乃至於平淡，最後皆兼具到大陸傳道的使命。

三、探親名義下的宗教接觸

　　近幾年來，兩岸宗教的互動，不論是人員、聲勢，乃至互動的管道以來以及接觸的頻率，不僅活絡且逐漸養成了依存關係，值得關心的是，兩岸的交流雖可促成彼此間的了解，但是否可以提升彼此間的層次，以及相互能否合作開創高層次的文明，雖然我們則必先了解各宗教團體的大陸之行，及其如何應大陸的宗教現象，並探討臺灣當局的心態與處理態度。能利用海外關係進入大陸傳教的，是基督教與天主教。基督教開放探親前即在臺成立分支機構，培訓有心前往大陸傳教的臺灣青年。開放探親後，部分教會化暗爲明，積極與大陸教會保持聯繫，想將福音帶回家鄉。大陸基督教組織雖已恢復活動，並成立「中國基督教協」，但仍有近萬名不受中共法律約束的「流竄教士」。〔註 21〕臺灣教會若繼續要到大陸傳福音，依舊要冒著生命危險與地下教會結合。〔註 22〕開放大陸探親後，天主教立即組成「大陸探親服務小組」，邀請去過大陸的神父、修女與教友舉辦座談會，介紹大陸天主教近況，協助教友在探親前做好心理準備。〔註 23〕由於大陸天主教愛國會決議與海外天主教人士友好往來，彼此的交流更爲活絡，臺灣教會人士爲大陸教會與神學院提供師資、書籍與經費等援助。〔註 24〕

　　臺灣佛教界和大陸佛教界的恢復交流，是隨著 1987 年 11 月 2 日的「大陸探親」政策開放，而逐漸展開的；在此之前，臺灣佛教界是政府政策的忠實擁護者，特別是在長期的「戒嚴體制」下，佛教的領導階層，大都具有良好的黨政背景，批判共產政權，是彼等一貫的立場；因此，初期佛教界的赴大陸交流，其實是「探親」的性質居多。〔註 25〕開放大陸探親後，佛教界對

〔註 21〕《民眾日報》「社論」〈認識限制臺灣僧伽人入境大陸的基因〉，民國 80 年 5 月 28 日。

〔註 22〕鄭志明〈「兩岸宗教交流之問題與展望〉，《兩岸宗教現況》，頁 2。

〔註 23〕徐世華〈天主教、基督教廣向大陸傳福音」〉，《民生日報》民國 77 年 4 月 25 日。

〔註 24〕北京 1980 年 5 月 30 日中國天主教愛國會第三屆代表會議決議文。

〔註 25〕江燦騰〈解嚴後的臺灣佛教與政治〉，《佛教與中國文化國際學術會議論文集中輯》（1995 年 7 月），頁 514。

大陸弘法相當興趣，且認為深具時代的使命，至於兩岸的交流，游祥州在〈論兩岸佛教互動及其定位與定向〉文中，將其區分為兩岸佛教國際接觸的模式、佛教學者的接觸、出版物的交流、臺灣佛教人士訪問大陸等四類。〔註26〕有關兩岸佛教國際的接觸模式方面，大陸佛教代表仍隨時保持其高度政治敏感性，例如 Taiwan，China（中國之臺灣）與 Chinese Taipai（中國臺北）等用語的堅持問題。但自 1984 年後，兩岸代表漸有默契，盡量不去觸碰或踩上了對方的心結。

在佛教學者的接觸上，以往大陸學者的研究雖功力頗為深厚，但所發表論著，免不了要套上馬列主義的教條，但隨著時代的變遷以及兩岸學者的交流之下，以更走上「如實論學」的趨勢。此外，兩岸學者通力合作研究的風氣也漸開展。兩岸出版品的交流，也由往昔的攜帶；盜印；贈送等狹隘管道，走上了商洽版權的方式授權對岸發行。關於兩岸佛教人士的往訪，初時臺灣當局居於安全考量，尚嚴格管制大陸人士來臺，大陸佛教人士訪臺仍難以實現，而臺灣佛教人士訪問大陸，則因中共當局居於政策與經濟考量，頗為歡迎臺灣佛教人士，使得往訪人士大為增加。星雲法師的大陸參訪與宣教，造成善男信女蜂湧，對大陸當局有所衝擊，雖然此種佛教行事對大陸佛教有著催化作用，但也使後來的宣教活動，因中共警覺有其危險性而受到管制。

臺灣道教團體赴大陸訪問，比佛教更為活絡。道教會多次組團，前往名山參訪，並與大陸道教協會高幹正式會面，彼此交換意見。亦有不少大廟以道教的名義前往拜會，並與大陸各級道教單位有著密切的交流，這些交流活動使得大陸道教人士對臺灣道教有些了解，甚至夾雜些許的羨慕之情。〔註27〕

民間信仰的朝山、迎像活動，是最實質的宗教交流，但也是兩岸政府最為頭疼的問題，不僅觸及政治禁忌，也關係到兩岸交流及刑責問題，民國78年蘇澳南天宮的進香隊即為實例。民間信仰在尋常百姓生活中，以隨傳統而跟根生蒂固，然這些民俗信仰常被政府當局視為迷信。臺灣當局的立場，是不妨礙政權的穩固、不危害公共秩序的前提下，不禁止也不鼓勵，而任其自生自滅。但這些信仰活動卻生存力特強，滋生蔓延極快，至於大陸，在文化大革命之後，隨著當局取締的緩和，又到處蔓延辦來，不僅在農村流行，城鎮保留下來的寺廟也有不少善男信女前來祭拜。昔日的秘密會社如一貫道、同善社、天德道、

〔註26〕《兩岸宗教現況》，頁51～56。
〔註27〕蔡文〈大陸探親尋根之旅〉，《關係我》第39期（民國80年春季），頁65。

先天道、乩壇等 50 幾個道門，被大陸當局視爲反革命組織。又臺灣新創的宗教會社軒轅教、弘化院、天帝教、亥子道等，也不受大陸當局所歡迎。這些會社若未借用佛教或道教的名義，很難進入大陸。自開放大陸探親之後，各教團也興起祖庭之旅，採化整爲零的方式去從事交流活動。〔註28〕

四：兩岸政權對宗教交流的態度

　　海峽兩岸的政權，50 多年來皆維持執政黨一黨的威權政治，雙方亦皆試圖掌握宗教，使其對政府政策的順從。在中國大陸，這種現象極爲明顯，中共透過統戰部與國務院的宗教事務局，以及所謂的「愛國組織」，來掌握宗教。反觀臺灣，政府亦層試圖在宗教團體內，設立黨團小組，進而實施內部運作。〔註 29〕但臺灣因向落實憲政，依法而治的精神逐漸禿顯，管理寺院的辦法或者是宗教法人法即使頒布也難實施。所以臺灣國民黨當局所支持或掌握的親政府宗教團體，對於宗教界卻無法產生多大影響力，這由中佛會籌辦玄奘人文學院倍極艱辛，而民間信眾支柱的慈濟功德會所辦的各項事業皆可圓滿達成，佛光山的叢林事業逐漸壯大且星雲法師的舉止備受觀瞻，可見蛛絲馬跡。

　　臺灣當局對兩岸的交流，政策多在民間的腳步之後。〔註30〕不過臺灣當局對宗教交流相當重視，依民國 79 年 5 月，行政院大陸工作會報頒布的現階段文教機構、民間團體派員赴大陸地區訪問作業要點之後，內政部也制定「現階段宗教團體派員赴陸地區從事宗教活動作業規定」。凡已依法立案或登記的宗教團體包括寺廟、教會團體和財團法人，得向中央主管機關申請派遣人員赴大陸地區從事宗教活動，經許可後再向內政部警政署入出境管理局申辦出境手續，赴大陸地區從事宗教活動不限次數，但每人每次停留時間不得超過兩年，回臺後應於一個月內向主管機關提出訪問經過的簡要報告。這個辦法實施後，中佛會成立「兩岸佛教交流委員會」，正式且合法地進行兩岸宗教交流。其他宗教團體似乎無明顯的回應，除了少數團體負責人正式提出申請外，一般人喜歡採用不被管制的出國觀光方式，赴大陸進行宗教事務的交流。〔註31〕兩岸宗教文化的阻力，來自中共當局。中共面對外來的宗教接觸，制定了「對外 8 條」與「對

〔註28〕鄭志明〈兩岸宗教交流之問題與展望〉，《兩岸宗教現況》，頁 4。
〔註29〕陳輝明〈臺灣四十年的宗教政策〉，頁 78。（1988 年，臺北中華福音神學院道生碩士論文）
〔註30〕熊自健〈海峽兩岸的宗教政策與宗教教流的前景〉，《兩岸宗教現況》，頁 78。
〔註31〕鄭志明〈兩岸宗教交流之問題與展望〉，《兩岸宗教現況》，頁 66～67。

內 8 條」的宗教管理規定。對外，中共拒絕任何外來宗教傳入堅持以自辦教會與自傳爲原則，並嚴防帝國主義文化的滲透；對內，依舊推動其無神論的宗教理論，黨員不準信教。中共當局目前最頭疼的是，天主教、基督教與回教等下宗教活動，而面對法師在大陸的宏法也深表戒心。

對於道教，中共最頭疼的散居道士，1990 年中國道教協會在杭州舉行「關於散居道士管理問題」座談會，會中認爲有加強登記與管理的必要。〔註 32〕這幾年來大陸寺廟香火漸盛，頗有宗教氣息，中共深怕臺灣的進香團的宗教情緒，引發對巫術的信仰，接受有神論與宿命論。秘密會社的活動，也是中共當局的隱憂，故極力斷絕其海外關係，尤其是來自臺灣的宗教會夾著雄厚的經濟力量，對祕密社會的流行必然有甚大的助長。〔註 33〕1對此現象，鄭志明說：「中共當局認爲，宗教的背後多有一隻黑手在，中共也以黑手自居，將宗教做爲其政治滲透的工具，因此中共也認爲任何外來的宗教勢力的傳入，是別有用心的。在交流的過程中採取兩面計畫，一方面露出友好的姿態，一方面以敵對的方式進行消毒。故兩岸的宗教交流實際上是臺灣民間勢力與大陸官方勢力的對抗，其實質的效果相當有限。」〔註 34〕

五、對宗教文化交流的展望

目前兩岸的宗教關係，彷彿臺灣兩岸其他層面的接觸，政府深表關心，而民間則甚爲活絡；政府仍秉持所謂的主義或意識形態，遇事裹足而作風保守謹慎，但民間卻不畏艱難危險極力突破現狀，去表達心意、實現願望，處處展現生機與活力。雖然兩岸政權的生態環境諸如政治情勢、經濟力量、社會結構乃至於文化的發展，歧異性頗大，且爲宗教政策以及對宗教交流的關注層次，也顯然有別，但務實卻是雙方現代化的標竿，所以有學者強調：「在這種立足點不同的情況下，兩岸的宗教交流，只有定位於──『承認現實差異，尊重彼此立場』的原則，〔註 35〕才能夠減少誤會與緊張，從而獲致更爲積極的效果。」稟持著「承認現實差異、尊重彼此立場的原則」，不啻承認中共當局行事的合宜，且深具危險性。吾意以爲，「承認現實差異，體諒彼此處境，亟力謀求對策，使作文化的融匯與文明之創進，才是雙方未來該走的正道。」

〔註 32〕賴佩文〈浮光掠影看大陸道教〉，《關係我》第 40 期（民國 80 年夏季），頁 31。
〔註 33〕鄭志明〈兩岸宗教交流之問題與展望〉，《兩岸宗教現況》，頁 73。
〔註 34〕同前註。
〔註 35〕游祥洲〈論兩岸佛教互動及定位與定向〉，《兩岸宗教現況》，頁 152、159。

　　儘管兩岸交流的效果不彰，然而這些交流的活動是實質的，其意義有三：一是臺灣內部社會文化面臨到整合問題，二是為了促進大陸民間勢力的復活。三是有助於彼此的更多了解。〔註36〕當今兩岸宗教交流的管道雖然多樣，最後要面對的還是脫離不了政治層面，即兩岸政治實體出面解決相關的問題。在這之前，我們仍需對兩岸宗教文化的交流，知所取向，不能因為蠢動而深陷困境，白白坐失能使文明弘進與展現人類智慧的大好時機。以下幾點，值得我們予以考慮：一是維持現行民間往來方式，不論是明的還是暗的；二是要了結兩岸政權的心結，逐步朝向雙向交流；三是在務實交流中，不可失去對中共當局的戒心；四是體諒大陸民眾的處境，切忌貢高我慢，維持良好情感；四是在交流當中不心存苟安，當思及教法的弘揚以及教團的發展，使作人群文化更高層次的弘進。海峽兩岸的交流，多波折且危險，所以還需要政府與教會站在人道立場，給予實質方面的協助，而不僅在精神層面上。

六、對金門澎湖的建言

　　在臺灣人士一頭熱忙於投向大陸之際，金門因為戰地政務的解除，隨著地方自治的實施，百業待舉。金門的形勢，雖位於兩岸之間，但40多年來的生聚教訓，成了反共的尖兵，扮演著保衛臺海安全的重要角色。當今臺灣繁榮了，人民有錢闊了，並享有相當自主的空間，反觀金門人民一向遵從政府決策，並習於軍管的措施，所以地方上的一切安全與措施，託付給政府與軍方。在金門地方自治要邁開的同時，社會上的弊端也會跟著滋生如預算來源、城鄉建設以及公共安全諸措施亟待籌畫。另與臺海兩岸的交流下，治安出現危機，走私販毒嚴重影響民生，臺灣來的衝擊，則會影響金門的定位、資源的分配，以及人才外流所產生的凝聚與競爭力的薄弱。

　　當今海峽兩岸交流活絡，對金門而言，與彼岸交流實非當前要務，「安內攘外」並吸取「臺灣經驗」建設金門，才是首務。有前瞻性而實質性的開創，金門才會成為美麗之島，不致於淪落到像臺灣被世界喻為「貪婪之島」的地步，弊端叢生難以懲治。我們常說：「中興以人才為本，建國以教學為先。」吾意以為，在此臺灣新族群極思拋開山頭意識、凝聚力量、整裝待發、期盼開創之時，我們金門各界，不論是公務人員、學者專家、企業團體、宗教團體乃至於學校以及社教單位，當精心為金門造象──有形或無形的。所以，

〔註36〕游祥洲，前引文，《兩岸宗教現狀》，頁150。

表現金門特質與有眼見的文化心，很是重要，此外規畫新城鄉期使人民享有
安和樂利的溫馨之餘，不妄要攜手合作永保美麗之導，也能一直吸引著觀光
客頻來顧盼，養眼之外來此憩息寬心；善用內外部資源之外，也當注重外部
人才的吸取以及內部人才的培養；金門要開發，亟需資金，目前本身資源有
限，等待政府杯水車薪的補助，難成大業也容易養成依賴性與墮性，所以向
行庫貸款發展各項有利企業，也是解決之道。最後，希望掌舵的主管單位，
達成共識，同為金門的美好前景奮進；謹以下列數語來期勉：「沒有歷史的深
厚基礎，沒有後來者對先行者客觀的認可與虛心的檢討，現代化的努力，只
會是空中樓閣。」

　　民國 86 年 6 月金門臨時縣議會舉行了兩天「金門未來發展與前途」座談
會，邀請了各方面的學者專家來發表論文。陳錦秀議員問：「請教賴教授，有
關兩岸宗教的互相交流，是否會導致政治交流的統一呢？宗教的交流是否會
化解黨派的對立？最近我們從訊息可以瞭解，民間團體例如媽祖之朝聖等活
動，或是金門鄉親組團到大陸去進香等情形，希望學者能提供寶貴意見供我
們參考。」我答說：「有關於宗教交流是否會產生政治統一的問題，我想這問
題發生微乎其微，因為中共最關切的是他們政權鞏固的問題。臺灣的佛教徒
或道教徒或其他宗教團體，到大陸上去佈道或捐獻，是否會造成信徒的蜂湧？
如果是的話，共一定會出來抗議，因為他們對信徒管制相當嚴格，他們認為
教會是要自辦為原則，同時要組成一個愛國組織，他們對宗教的前提是認為
宗教乃外來帝國主義的侵略，不管是對內或對外，一致作如此之主張，很明
顯地臺灣文化就是帝國主義文化的侵略，也就是將我們定位得很清楚的。臺
灣政府可能有這種企圖，想應用文化戰和經濟戰來促成臺海兩岸的統一，至
於此種情況可不可能，歷史學家是不能作預測的。第二問題提到是否會造成
臺海兩岸政治的歸併問題，臺海兩岸的政權都是很衝突的，因為經過幾十年
對決的問題，共對宗教的定義是外來帝國主義的侵略，為什麼又要開放宗教
自由及其他宗教進入大陸呢？其主要原因是要賺取外匯，照理說共產裡頭，
沒有所謂的宗教自由，如果臺海兩岸統一了，將對臺灣同胞劃分界線，他會
問你信什麼教？如果是佛教，那他就要批判佛教是有神論又講宿命論，因為
共產主義是無神論者；如果是天主教、基督教仍然是一樣的，如果是道教，
那他將批判是腐化青年的心，迷信的宗教；如果是秘密會社的宗教，諸如一
貫道、天地教等，這些共產主義更忌諱，它將套上反革命組織罪名，格殺無

敕。所以中共為什麼要批判宗教，他們認為批判宗教是為了批判社會，所以宗教交流要化解兩岸敵對情況，似乎不大可能。」〔註37〕

對於澎湖，早在民國86年6月金門臨時縣議會舉行的「金門未來發展與前途」座談會時，他們的議員提出地方規畫為賭場的可能性。大好地方，風景優美，是每年臺灣人士或學子旅遊的好去處。賭博會影響了社會人心，賭博會影響世人對臺灣的觀感，所以以其地開放為賭區大是不智的心行。澎湖人士應當運用其地之優勢，結合歷史與景觀，作常遠的規畫。如政府播遷來臺時，不少宗教人士尤其是道教，在其地逗留甚久，對地方的宗教交流頗多影響，這些影響是否連帶影響到臺灣宗教的部份宗教信仰。在這方面，澎湖當局或有心人士可以多作考察，如當時的耆老還存在澎湖或臺灣者，如吳永猛就是一個例子，對這些人作深度訪問與記錄，還有到過澎湖對澎湖的歷史文化的發展有影響者，都可以列入訪察的名單。加強文史檔案的搜集與展示，重建澎湖的宗教人物及其行化，多展現出本土的特質來，還有強調其跟他處文化的融攝與影響，這在發展觀光上也是一大門面。

澎湖與金門，都有不錯的觀光資源，需要好好的規畫，才能讓本土產業生根與發展。以金門為例，自從解除戰地政務以後，阿兵哥減少了，影響到一些店家的生計；有些店家就改變傳統的經營風格，改做當地的生意，並注重行銷，所以事業才能延續至今。但經過 SARS 以及 921 大地震之後，觀光的人潮失卻了，讓商家記起了很多的教訓。從小三通以來，金門的觀光人潮又增多了，近年來政府在推展觀光，經濟部中小企業處在推展飛鷹計畫，配合 QR Code 及網路平台的設計，讓旅客上網可以看到金門的街景以及店家的狀況；在政府大力的撫導之下，金門很多店家加入飛鷹計畫的行列，商家們從網路商機上發現，透過提昇產業的品質以及行銷手法，可以促進地方觀光的熱潮，同時帶來商機並有利於地方的整體建設。金門有其獨特的人文景觀與特產，澎湖也是一樣，除了外來的企業在此投資之外，發展地方各項建設的同時，也會帶動觀光文化產業的發達，生態的保護以及人文景觀的修建是蠻重要的一個環結，因為這些地方特色可能很多是臺灣島所沒有的，是他們利基之處，是其他地方沒法跟他們競爭的，所以要更加珍視。

〔註37〕李清東〈綜合討論發言紀要〉，《金門為來發展與前途座談會實錄》（民國 82 年 10 月，金門縣臨時縣縣議會），頁 148～149。

七、宗教文化熱潮

　　海峽兩岸分隔多時，在制度與文化上因早有歧異，走的路數大不相同。在 80 年代，臺灣的政治雖然威權的骨子仍在，社會上卻已經逐漸走向開明化、民主化的進程，多元性的文化由是滋生、發展，與國際文化的接軌由頻繁轉爲劇烈。禪學熱、氣功熱、周易熱、宗教熱、傳統文化熱都在各地產生很大的作用，影響到人們的知能與意識型態的改變，臺灣人初時被這些文化所激蕩，後來漸能吸收、融會社會上流行的學說，人變得更加圓融，思想更加活潑，造成政治開明、經濟奇蹟下的另一類社會文化上的成就與創進。

　　至於中國大陸，隨著改革開放以及對外交流的擴大，海外的禪學源源不斷地輸入，尤其是「鈴木大拙結合現代西方非理性主義對禪學所作的發揮性解釋，以及臺灣流行的各類禪學，對中國大陸的禪學熱起到了直接的催促作用。」〔註38〕禪學爲何在中國大陸會引發熱潮呢？從精神解脫的觀點來看，邢東風在〈當代禪學熱現象研究——思想學術側面的考察〉文中說：「80 年代以後，人們的人生理想發生了巨大變化，從以往那種爲共產主義事業奮鬥終生的單一形態，變爲多種多樣的嚮往和追求，如醉生夢死、貪圖享受、實惠至上拼搏奮鬥、爭作強者、多彩人生等等，但同時也有淡泊名利、追求內心世界的安寧清靜和自在解脫的人，後者可比在傳統禪學中找到同調，因此禪學思想很容易引起他們內心的共鳴，成爲他們認可的人生價值觀。」此外，因爲對共產主義反思，只要是有非理性的、倫理道德性的、神秘性的傾向者，都可以在禪學熱中找到心靈的慰藉。〔註39〕

　　這種禪學熱普遍有一些特質在，即如果從純粹的佛教修行人來看，他們的關注角度的禪學與佛教行人有著顯著的不同，不是別有用心就是目的不純。這就表明禪學熱是從佛教中游離出來而相對獨立於佛教之外的社會文化現象，如同李元松的現代禪。〔註40〕邢東風說：「所謂的禪學熱，並不是一種宗教現象，而是宗教思想在社會上的泛化和流傳，如果把它和作爲宗教的禪

〔註38〕邢東風〈當代禪學熱現象研究——思想學術側面的考察〉，《普門學報》第 35
　　　　期（2006 年 9 月，佛光山文教基金會），頁 317～318。
〔註39〕邢東風，前引文，《普門學報》第 35 期，頁 315～316。
〔註40〕參見釋印順〈我有一明珠一顆讀後〉，《獅子吼雜誌》第 32 卷第 11、12 期
　　　　（民國 82 年 11 月，松山寺），頁 1～7。另見賴建成〈現代禪之我思我見〉，
　　　　《禪思維與管理藝術》第 2 集（民國 88 年 11 月，景文教師氣功學社），頁
　　　　112～117。

學相對比，那麼至多只能說其中帶有一定的宗教性質。」〔註 41〕這些禪學熱的特質，其實也反映在那些寫禪學作品者的身上，所以是互爲因果的，緣法所生的，套句尊者的話說，是意識或腦子的作用，也是時機與攀緣之所生成的。在此熱潮中，關於禪學的學術研究成果是豐碩的，雖然他們不是居於信仰的需要或者是判教，而是客觀地研究。〔註 42〕在這一領域上，其成就有禪宗文獻的考察、禪宗史實的澄清、禪宗思想的疏理、禪宗與中國文化的關係探討、禪宗語言的解釋、禪宗與文學藝術等層面；這連帶也影響到臺灣與禪學有關領域的研究。除了學術研究以及爲了經濟效益之外，禪學熱存在的意義，是「禪學這種古老的文化在當今獲得新的生命，除了它本身蘊涵著可以延續的價值以外，主要是由於它可以滿足人們的現實需求，人們可以從中找到應付社會變動的精神食糧。」〔註 43〕

　　對於禪宗的研究，日本佛教學者長於文獻的考察，臺灣的學者精於思想的分析以及禪史的研究，大陸學者偏重於歷史的陳述以及文獻的考釋；近 20年多來，隨著兩岸禪學的研究，研究的主題不斷地擴大與深化。〔註 44〕但禪學，對於行人來說，不在於哲學、文學與歷史的探尋，而在於禪悟、禪教與行履。禪學只是跡，只是古德的教學法與心行，誠如黃連忠的學長說的：「禪公案是要實證乃知的，竟然有人還以邏輯與範圍研究它，太好笑了！」〔註 45〕世間好笑的事誠多，我們佛子當以平常心去看待，禪是難行道跟空有關，世間的學問是思維性的東西跟不空纏得緊緊的，話頭之外總是添上一句句的話尾，兩岸的文化交流當不僅是如此，或能如禪師碰到公案時爆出生命的火花來，我受用即有可爲，不必嚴肅地說大悲心與菩薩行，那還不是禪，那是發心以及禪悟後的行履，幾人能到此境地可數。兩岸對於禪的反思，眞大不相同，在臺灣甚麼樣的人都有，大陸或許不然，是政府與大環境使之然的。大陸說禪看禪，如此地受限，在其它文化交流上就可想而知了，尤其是關涉到宗教相關的領域或問題更是嚴重。

〔註41〕邢東風，前引文，《普門學報》第 35 期，頁 288。
〔註42〕邢東風，前引文，《普門學報》第 35 期，頁 290。
〔註43〕邢東風，前引文，《普門學報》第 35 期，頁 317。
〔註44〕參見黃連忠《禪宗公案體相用思想之研究》（2002 年 9 月，臺灣學生書局），頁 4。黃先生以哲學的立場來看禪學，難免受限，但他還是很謙虛的以學養、所知去論禪之特質。
〔註45〕黃連忠，前引書「自序」，頁 3～4。

在其他文化熱潮方面，臺灣的密宗熱，沒在大陸流行，這是中國對於西藏問題的關係，可見中國當局對於海外文化的認識、攝取是有選擇性的開放，以及對危險性宗教文化採取排斥、封凍的態度；不論是要開放的或封閉的，兩者都是做得很徹底的。80 年代以後先後流行的氣功熱、易經熱、宗教熱以及傳統文化熱等等，都與禪學熱交互滲透、交相輝應，構成了中國大陸 20 世紀末文化保守主義與非理性主義的大合唱，但留心看時我們就發決出它排斥了宗教信仰的成份，大量保留唯物以及非理性而無礙於生活常態的東西；法輪功在大陸就是一個實例，它從氣功修持轉變到準宗教信仰時，它在中國的生命就被告知當結束了，它只能往海外逃生，尋求活路。

八、結　論

自從政府開放探親，歷經兩岸民間的交流、對話、談判等活動，逐漸走入了兩岸政權在經貿、文化、教育等實質性議題的對談，而兩岸論壇〔註 46〕在廈門的舉行，已經是第二屆了，其他層面的交流也在跟進，如兩岸棒球開戰。〔註 47〕在這些交流當中，宗教界發揮了相當大的心力，因爲「宗教必須配合社會文化的脈動，加以變遷或調整，以適應社會或民眾的需要，故臺灣宗教將其活動擴張到大陸，完全來自信仰的需求，這其中也表現出民眾的社會行爲與文化意識。」〔註 48〕古人雖有一套「休養生息」的道理，但莊子的「動之以生」、「休之以死」的道理，很類似臺灣宗教的生態，奮不顧身、前撲後繼到大陸去，不僅是爲了尋根與大陸熱的因素，〔註 49〕同時也是另一種文化生機的展現。

臺灣人往中國大陸進行的宗教交流活動，雖然是熱心、赤誠的，但依然會受到中共當局的嚴格管制，不能自由傳教。在兩岸現階段宗教政策之下，近 20 年來最有發展潛力的，「是進一步推動兩岸學界與宗教界在宗教研究上的交流。」〔註 50〕要展望將來兩岸宗教交流的前景，「還是要從兩岸的宗教政

〔註 46〕參見「海峽論壇」官方網站，網址：http://big5.chinataiwan.org/hxlt/。其標題是：擴大民間交流、加強兩岸合作、促進共同發展。述評則說：「交流常來常往，心靈越走越近。」
〔註 47〕婁靖平〈兩岸棒球開戰，周美青領軍？〉，民國 99 年 6 月 9 日《聯合報》「運動」B4。
〔註 48〕鄭志明〈兩岸宗教交流之問題與展望〉，《兩岸宗教現況》，頁 73。
〔註 49〕鄭志明，前引文，《兩岸宗教現況》，頁 72。
〔註 50〕熊自健〈海峽兩岸的宗教政策與宗教教流的前景〉，《兩岸宗教現況》，頁 57。

策上尋求突破〔註51〕」，這不僅是政治談判就能獲得解決，它還關涉到中國政治與政權的發展；政策的解套，〔註52〕連帶會影響到整個中國未來的發展以及世界文化的生態，是一件極爲嚴肅的政治經濟學，以及艱辛的實踐歷程。至於如何影響中共的宗教政策，有的學者主張從馬克斯主義的宗教理論著手，不如像尊者說的是腦子問題，從中共當局或領導階層的心意識著手，或如佛教徒所說的還要出現一個仁王來護國，使宗教背後的黑手變成白手。

　　關於兩岸的宗教交流，江燦騰說：「臺灣當局迄今，仍未訂出類似大陸方面在〈關於宗教方面對臺交往的若干暫行規定〉第11條後半段的，要在條件成熟、充分準備、且大陸方面的佔優勢的交流項目中，積極爭取到臺灣進行交流的情形。這可能是臺灣方面，對宗教學術一向干預較少的緣故吧？所以也連帶不在政令上作出積極的規定。只是，今後兩岸在佛學交流上，是否僅限在大陸佔優勢的項目上，就不定了。因爲，迄目前爲止，在學術交流上，還看不出有哪些項目是符合這一狀況的。未來的發展如何？則尚待進一步的觀察和評估。此外，就臺灣的交流經驗看，不論是1989年春星雲法師的赴大陸『探親』，還是 1991 年夏秋之際證嚴尼師派『慈濟功德會』的賑災小組，到大陸各省賑濟水災難民，乃至其他大大小小的臺灣佛教團體或個人，到大陸去交流的結果，主要還是提供物資和款項的幫助，在佛教思想上造成顯著影響的情形，則幾乎不曾有過。因此，臺灣方面對兩岸佛教交流，目前似乎到了必須整合檢討的時期。例如『慈濟功德會』在〈千島湖慘案〉後，雖知道大陸華南和華東地區又出現大水災，但在賑災的行動方面，則僅表示要看『因緣是否具足』？再決定下一步的行動。所以兩岸的佛教交流，目前依然是充滿著許多變數的。」〔註53〕究實言之，兩岸的宗教文化交流，是有階段性的，在臺灣前半段如同龔鵬程說的：「我們所面臨的問題，兩岸迫切的交流，無論是宗教或是總體的文化交流來說，政府是力有未逮。」〔註54〕經過多年的探索之後，政府已經主動出擊，但中國對宗教的管制態度基本上還是沒有

〔註51〕同前註。

〔註52〕如何影響中共的宗教政策，有的學者主張從馬克斯主義的宗教理論著手，參見熊自健〈海峽兩岸的宗教政策與宗教教流的前景〉，《兩岸宗教現況》，頁 58。

〔註53〕江燦騰〈解嚴後的臺灣佛教與政治〉，《佛教與中國文化國際學術會議論文集中輯》，頁 517。

〔註54〕〈第二屆兩岸宗教化交流座談會紀錄〉「龔鵬程發言」，《兩岸宗教現況與展望》，頁 351。

改變，目前教界能做的，或如學者專家所推理、構想出來的，宗教徒的態度當更積極，「儘量的擴大、身入個種層面的交流，動用一切的資源和力量來做，在現成的條件下儘量來做，向沒有福音的地方去傳遞福音，是宗教徒基本的精神和責任。假如在人類社會中還有那麼一個龐大的地區，是宗教超越心靈，沒有辦法眞正的得到安頓，或者宗教沒有辦法自由的順暢的成長，我們就應該加速幫助這地區，讓每一個人自由的去從事宗教活動。以這樣的立場看，大陸是一個渴望獲得宗教，而還沒有充分獲得宗教的地區，我們有義務也有責任幫助他們，這是推動兩岸宗教文化交流非常重要的精神。」〔註55〕以常期受到國民黨大力培養過的學者們的意識來看，兩岸的宗教文化交流，儼然已經成爲統一戰術上的一個重要環節，但這些深具儒家思想情結的大一統專家已跑入中國服務，或許也獻策去了，這也是臺灣當前的一大危機。如今中國已經在知彼知己的情結下推行兩岸談判與交流，而臺灣政府的整體國家發展會帶領國人走向甚麼樣的境地未知，因此兩岸在宗教文化等的交流上不僅是勢在必行，而是慈悲心的弓箭早已齊發出了，這對佛教文化的發展是一種轉機，也是一種蠻具挑戰性的活動，不輸於佛教輸入中國與佛教中國化的歷程。

〔註55〕　〈第二屆兩岸宗教化交流座談會紀錄〉「龔鵬程發言」，《兩岸宗教現況與展望》，頁 350～353。

圖 6-1　金門未來發展與前途座談會

圖 6-2　兩岸佛教交流研討會

圖 6-3　兩岸禪學研討會 1

圖 6-4　兩岸禪學研討會 2

圖 6-5　兩岸密宗研討會記實

圖 6-6　兩岸的宗教問題

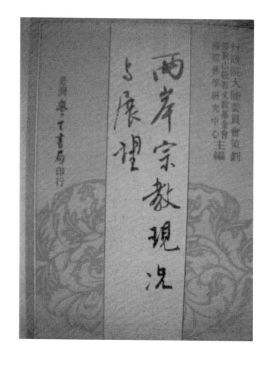

圖 6-7　大陸的政策與法律

圖 6-8　民間文學交流

圖6-9　宗教文物交流

圖6-10　臺灣人的優勢

第七章 結論──傳統與現代化

　　我在大專院校教書 30 多個年頭，前 15 多年擔任中國通史與中國現代史課程，之後李登輝時代來臨了，政府推展務實外交，課程也改變了，成了臺灣史與中華民國憲法之類的，從中國到臺灣術語的轉變，期間大有歷史可談的。〔註1〕當我教中國史時，第一堂課要開宗明義地強調爲何要上中國史，因爲身爲中國人要懂中國事，歷史事件不會因爲你不關心而對我們沒有影響力或沒有意義！教到臺灣史，則要先說課程改變的歷史，再說因爲身爲臺灣人要懂臺灣事，現代人要懂現代事。教師眞的難爲，研究者尚好。中國學人李映輝在談到「研究唐代佛教地理的意義」時說：「現代學術界已經形成共識：研究中國歷史，尤其是中國文化史，就不能不研究佛教，否則，就寫不出眞正的中國文化史、中國哲學史甚至中國歷史。」〔註2〕我想這個問題，在目前的臺灣也是一樣，「要研究臺灣歷史，尤其是臺灣文化史，就不能不研究宗教，尤其是民間信仰與佛教，否則，就寫不出眞正的臺灣文化史甚至臺灣歷史來。」專長於晚唐禪宗史的我，憑著多年來的見聞以及博采群書，就寫起《臺灣民間信仰、神壇與佛教發展之省思──臺灣宗教信仰的特質》一書，充當升等教授的主著作，當上了正教授後再回頭看此書，眞的不足處甚多。這麼多年來，除了明復法師的啓發之外，要感謝張憲生與吳世英提供我很多宗教書籍與論文，讓我能夠更廣泛、多元性地去省思臺灣光復以來的宗教問題。

〔註1〕 關於歷史課程的改變，參見中國文化大學史學系所主編《全國大專院校中國歷史教學研討會紀錄》，民國 82 年 8 月。

〔註2〕 李映輝《唐代佛教地理研究》（2004 年 4 月，湖南大學出版社），頁 2。

　　政府播遷來臺之時，臺灣的民間信仰與齋教、日治下的佛教習性，還深深地影響到佛教的發展，這些現象可由巨贊法師的〈臺灣行腳記〉，〔註3〕以及白聖法師〈東臺灣半月弘法記〉〔註4〕中，得以窺知一二。〔註5〕當時的佛教，雖不乏名山高僧如廣欽老和尚以及精勤修持的尼眾，〔註6〕但因缺乏經教的宣講，後來佛教的發展主要是停留在淨土唸佛、精進禪七與道場經懺事業、通俗佛教故事之上，這由李炳南居士與煮雲法師的行化，以及悟明長老的傳記中得以見到。而隨著白聖、道安、南亭、印順諸山長老的宏化，臺灣佛教在戒壇禮儀、社團發展，還有教理的詮釋上，有著長足的進展。這一時期的佛教，開證法師在〈白公與臺灣佛教〉文中說：「自從中日戰爭第二次世界大戰結束，臺灣即脫離了日據時代的日本人對臺屬民政策，愚民教育統治，而還歸祖國，踏上了另一個天地，開始過著不同時代的生涯，隨著而來了一批一批的大陸高僧，使臺灣佛教又開創了新的天地，邁向了重興之途。當時來臺的大陸高僧約有三大系：以智光和尚、南亭、東初長老為一大系，俗稱江蘇派。現在的成一、星雲、聖嚴、了中、妙然諸大法師等，為這一系統中的最傑出者，並且人才濟濟，所以名氣最大，做事也最成功，特別是佛光山的馳名天下，和花蓮慈濟功德會同為今日中國佛教兩大勢力主流。這一系統為帶動佛教的先鋒，目前法鼓山的聖嚴大法師也已開始大振宗風了。二、印順導師系：人家稱其為學派，門下最聞名的有：續明、仁俊、演培、真華、印海、超定、如悟法師等，是一門書香，盡是弘法海內外的健將，學派子孫大多數重於教育以及學術的探討。印順導師學養甚深，其一生致力佛學之研討，主編太虛大師全集，阿含經之重新修編，妙雲集之巨著皆聞名海內外，所著《「中國佛教禪宗史」》一書，破邪顯正，建立了中國佛教禪宗思想之健全，而感動了日本大學贈與博士學位，以表崇敬。更顯耀了中國佛教僧團有德學崇高之地位三、白聖大師系：教門中稱之為海派，因白公住過上靜安寺，故得其名。白公特別關心臺灣佛教的重興，而專心於傳戒度事，傳戒幾十次，所度戒子充滿大地，臺灣地區的佛教也因此而速成一僧

〔註3〕　黃夏年主編《巨贊集》（1995 年 12 月，北京中國社會科學出版社），頁 450～
　　　　460。

〔註4〕　《白公上人光壽錄》「民國 42 年」，頁 281～300。

〔註5〕　民國 43 年悟明法師到南部巡迴佈教工作，他在《仁恩夢存書中》頁 151 僅說：
　　　　「一個以出家當飯碗的人，是不配髮為僧的。」

〔註6〕　釋悟明《仁恩夢存》「民國 43 年 12 月 6 日」，頁 148 云：「上午十點由高雄抵
　　　　屏東，在東山寺見住持圓融法師及監院天乙法師。東山寺為一尼眾模範寺院，
　　　　作風良好。」

多寺多的現況，蔚成僧團的一股大力量。白公除了傳戒之外，也創辦了臺灣佛教律學研究院，專以弘揚律學及楞嚴經爲主科，還有三藏學院，戒光學院、中國佛教研究所，致力佛教教育事業，故其四眾弟子爲數難量，是創造今日佛教邁向新時代最大原動力之一，這個力量可說是白公的整體化身，可惜俗眼不容易看出眞面目。白聖大師平常人家稱他爲白公、白老。白公擔任中國佛教會會長有幾十年的歷史，其爲教之辛勞可知，然因時間過久，當然亦難免有長短之議。白公門下最傑出的人才，首推淨心大法師，淨師在白老門下可說是一枝獨秀！尼眾界即有天乙先聞名，惜早絕世緣。晚近才有名的可算：明虛、明偉、明迦：還有一位是在美國修博士班快要畢業的明耀法師。得意的入室弟子（法子）如明乘、達能、今能、心田、法智、圓宗爲數不少，盡是眾所知悉的導教團的中堅。白公法於圓瑛和尙，與明暘和尙是同參同學，法兄弟，擅長楞嚴講學。白公與慈航大師亦是法兄弟，更是如兄如弟的好同參，慈老亦是臺灣佛教的一大功臣。爲臺灣光復後創辦佛教教育的第一人。」〔註7〕大陸僧人來臺，對於臺灣僧尼素質、神佛混淆、仙鬼流行的現象，頗多留意並呼籲改革，尤其是傳戒的問題，〔註8〕當時佛教界還是以僧人爲重，對於僧俗〔註9〕、僧尼地位問題，還是區分得很清楚。由傳戒得知臺灣的佛教徒，不論是僧尼或是在家居士，逐年在增長。千佛大戒上，比丘尼眾多的現象也受到關注，〔註10〕和尙的人數卻越來越少，〔註11〕爲了弘法與戒德問題，引發了佛制改革的爭論，談論

〔註7〕　《白聖長老圓寂三週年紀念論文集》（民國81年3月，能仁家商董事會），頁39～40。

〔註8〕　當時佛教界重視傳戒，對於民國45年悟明長老在凌雲寺傳戒深表讚歎，其事見《中國佛教月刊》第6月號與釋悟明《仁恩夢存》「千佛大戒」，頁166～173。至於中國佛會對於戒律的改革，參見釋白聖〈從大陸參加戒期說到十普寺二度傳戒〉，《白公上人光壽》「民國48年」，頁362～369。

〔註9〕　《白公上人光壽》「民國53年」，頁484引釋明濬〈大悲懺主的感應〉文中提到來臺大法師不大關心本省的出家同道與用功修行問題，且說：「同時再看臺灣過去五十年受到日本統制下「不僧不俗」的佛教，實在有改進的必要。」

〔註10〕民國48年十普寺擧行的千佛大戒上，已發覺到比丘尼眾多的現象，《白公上人光壽》「民國48年」，頁361引律航法師〈紀要〉一文。

〔註11〕《白公上人光壽》「民國66年」，頁796引釋道源〈不是無人出家而是師資問題〉文中說：「今日臺灣的佛教，大廟到處是，但眞正出家人主持的不多，甚至有規模很大而只住一、二出家人的，問題是出家人漸漸少了。以臺灣來講，還不至於如此嚴重，在還外不但男眾出家人少，女眾出家的近來也不多了。因此有提倡『短期出家』的，甚或提出『和尙生活正常化』的，造成了病急亂投藥、亂吃藥的怪現象。」

的即是敏感的「和尚可結婚與否」的問題。〔註12〕明復法師說：「中國既然有了居士林，不須增加大眾派和尚，以免混淆不清，妨礙正法。」〔註13〕

在六、七十年代，隨著教育普及，居士佛教興起，各種派別的宗師輩出，加上檀信的不吝布施，佛教蔚之勃興，在佛教與社會的接觸更加劇烈之下，引發出各種問題。但這些問題，不全然是由佛教產生的，而是部份原本就存在的社會問題，如佛教與民間信仰以及神壇、通靈問題，一貫道合法化後與佛教教團競爭白熱化，還有出家與在家信仰問題，以及捐獻與身心靈醫療問題，其間最具有關鍵性的還是政府對宗教的態度與臺灣的傳統文化問題。

在各種問題的糾結下，佛教要發展勢必要有指標，佛教界長老如星雲、聖嚴法師都強調「正信」的重要性。在往後的歲月裡，「正信」與「人間佛教」，似乎成了教界的禪話頭，引導許多學人參學的進路。星雲法師認為，雖然教界問題仍多，但「非佛不作」，其亦強調他不好談命理、風水、感應之類的問題。〔註14〕聖嚴法師說：「學佛修行，如果一直停留在特定的感應與靈異階段，那便是落入了民間信仰的層次，這與嚮往佛菩薩的悲智圓滿，從而向佛菩薩學習悲智的人生，兩者是不同的。」〔註15〕

要研究中國的文化，必然要研究佛教與民俗，那是佛教進入中國之後被國人所容受，佛教中國化了，進而影響到中國人的政經文化以及社會生活。研究臺灣史亦然，不能忽略到宗教與民間信仰對臺灣文化的影響力。明復法師說：「不論何時何地，最原始的宗教皆可能與極高級的宗教併行無阻。這種低層次的宗教在高度文明社會中，縱使不被人用為犯罪的工具，其信仰在心理上也是有百害無一利的，但又不是僅憑道義的責難或刑罰的懲戒所能有效遏止的。唯一的解決辦法，是以高極的宗教理論與修持，啟迪其正當的信仰，促使其情操的昇華。」〔註16〕臺灣很多人，要申請宗教派別與學會時，才知道自己的想法，與傳統跟政府的認知有別，這些人雖固執己見，但不得不依世法而行。以法輪功為例，其欲申請為宗教，但宗教的教主皆為古人，所以僅能稱氣功學會，在臺灣目前尚不成氣候。臺灣的一貫道門人，吸收顯教、

〔註12〕《白公上人光壽》「民國 66 年」，頁 773～798。

〔註13〕《白公上人光壽》「民國 66 年」，頁 792。

〔註14〕《星雲大師傳》，頁 292。

〔註15〕2003 年 4 月 1 日《法鼓雜誌》「耕心成長」5（可靠的修行方法）。

〔註16〕《明復法師佛學文叢》第一冊（宗教禮俗業務作法的研討）（2006 年 9，覺風藝術文化），頁 61。

密法，改頭換面，宣稱爲佛教的某一流派，或成立某一種佛教學會，但行持有異於佛教徒，如看風水、算命、除煞等情事；或改無生、無極之名，以自然功法或仙道氣學者；或學氣術，接靈氣度生，但行止不似仙道中人。又有靠法術，營合民間信仰，而說己是仙道；在三峽有無極山莊，主人的行止非佛非道，但政客盈門，似也有其所謂的玄機與妙招。在臺灣宗教的生態，相當的繁複，甚至還有依靈鬼感通而爲人治病、斷事的囝仔仙與仙姑之流。又有因觀音靈感，而從俗去相信那感通，而逢人就說神通；或有人感通，人或稱其仙姑，而蓋宮廟者。有某教授棄一貫道門入諸佛門修學，後一心於慈濟志業，一聽聞是說，乃云：「此類大抵鬼通，世人不覺而妄說他心通、神足通、天眼通。」臺灣的乩童、靈乩與鸞堂，看起來類似，然不脫離民間信仰與儒教文化的勸善倫理與道德，因爲流行於社會，透過媒體的張揚，有的人自稱起靈師或靈學專家來，別人尊稱他們爲老師，所以東湖太子爺的乩身說：「我最高只能到老師！」其道理在此，有別於煉丹道修仙術通往無極的人。

臺灣的宮廟，又不時吸收大陸流傳來臺的道門氣學，而自立新的門戶，走向新興宗教的路數去了。在臺灣的一些宗教或氣術流派，有些還真的直讓中國關心宗教發展的人士所矚目，如宋七力的顯相館與登記爲氣功門派的法輪功。〔註17〕還有一些學算命、通靈人士，年記輕輕的就籌組道場、建宮廟、收徒弟，誦經常招惹鬼魂來聽聞，甚至有同修中邪，民間道派怪事多，沒能像武家、養身家的道門有著嚴謹的門規。據學者專家研究，因受傳統宗教的衝擊，「目前臺灣的靈乩逐漸有著追求聖乩的趨勢，認爲聖乩境界是高於靈乩，強調不是被神附身的乩，而是經由內在生命修持達到人神合體的乩。」這種現象，「反映出民間靈感文化新的集體性的趨勢，綜合了傳統社會深層的原型結構，雖然保留或創新大量的靈感神話，同時也注入了理性的人文關懷，肯定生命主體性的存有價值。」〔註18〕目前內政部集合國內學者專家，已出一本《民間信仰與神壇篇》與一本《新興宗教篇》足供參考。

至於仙道，還在臺灣社會流傳。有云：「普傳北派，保留南宗，古聖先賢，

〔註17〕葉小文在〈我們對海峽兩岸宗教交往持積極支持態度〉文中（《把中國宗教的真實情況告訴美國人民》，頁244）說：「我對臺灣政府在宗教事務上的一些管理作法也比較有興趣，比如對邪教宋七力案件的處理，我們就比較關注。」（1999年3月，北京宗教文化出版社）

〔註18〕鄭志明，〈臺灣靈乩的宗教型態〉，大元書局《宗教與民俗醫療學報》，頁27～28。

莫不如是。」〔註19〕南宗內丹術，大抵由太極、形意祖師們代代傳布於國術團體之中，早年中南部與警界學者多矣，吾曾學形意於草山，第14代傳人。北宗龍門功法，由新店王正志大師宏揚，其與道友李述忠博士合著《龍門丹鍵》，現有賴賢宗博士在積極指導後進修學，其功法有治病效能。而道教的形成，是仙、道、術匯合的宗教，三種有別，但時或感覺可有互通之處，但不可混爲一談。臺灣的道教，多屬於龍虎山天師府，廟宇有10多座。〔註20〕在民間信仰上，王爺廟最多，依飛雲山人所云的有894所，佔臺灣寺廟的9分之1。〔註21〕王爺有132姓，以朱、池、李三姓王爺最多。

自從臺灣與大陸開放探親以來，宗教交流頻繁，國人引入各式各樣的養生功法，張三豐第9代傳人張家森兩次（91與93年）來臺。內丹術，傳男不傳女，女的雖研習武當功夫，至老不知丹術心法口訣，而其「食穀辟穀法」能瘦身，最受臺灣人歡迎。〔註22〕其來臺教學，中華道教玄天上帝弘道協會且爲其出版一本書，名爲《仙道太極內丹術秘笈》（2004年4月30日宜蘭冬山鄉）。而臺灣氣學、道門的書籍，其種類也逐年增多；由於中國道教的根在大陸，所以臺灣的信道人士頗多到大陸祖庭去接受放戒或受籙的，〔註23〕也購回不少道教器材與服飾。

在臺灣一年到底，都不乏神明誕辰，此種歲時習俗與宗教信仰的活動，與整個社群生活有密切關聯。〔註24〕在臺灣歸屬於道教的寺廟中，都有籤筒和杯笅，供信士們作祈禱之用。臺灣的寺院，配合著現代化與資訊化，而走上節慶民俗化、廟會觀光化，推展出各項讓人留連忘還的休閒活動，如燈會與賞月活動。依臺灣內政部所載，立案宗教的團體有25，當中不乏與道術有關，至於與道教、養生有關的協會與學會，則更多矣。〔註25〕

面對這些林林總總的信仰，一發生弊案，有人會怪罪宗教，而江燦騰對於這個現象，其很中肯地說：「他們（宋七力、妙天等）的共通點，是把打坐、呼吸等神化、演變出打坐、通靈、眞氣、超宇宙等神話。若對醫學有所了解，

〔註19〕《仙道靜坐經》「仙道源流」，頁10。

〔註20〕王世禎《道家符咒請神求財秘典》「六、天師求財符」，頁57。

〔註21〕王世禎《臺灣王爺神力秘典》，頁9。

〔註22〕〈張家森：內丹術講心法有口訣〉文，《中國時報》93年5月8日「兩岸三地新聞」A13〈。

〔註23〕劉仲宇《道教法術》（2002年1月，上海文化出版社），頁477。

〔註24〕王世禎《敬神如神在》「六全年神誕辰譜」，頁57。

〔註25〕《宗教簡介》，民國92年12月。

會知道這套行為模式，其實是一種自我暗示，就像心靈創傷客可以自我治療，信徒被洗腦後，相信自己病好了、功課變好！許多大學生、知識份子注重衛生、醫療知識，當然也會像市井小民一樣被騙。」〔註26〕一再發生的宗教案件，不僅透露出「社會歪風」，社會應該反省。但事情還是一再發生，如同明復法師說的，古往今來所謂的正信、邪信是併行的，這還是教育與人心的課題。對此，宗教界人士早就發出一些同意聲明，說：「有關信仰的部份，是不適合用法律去約束與規範，而要靠宗教團體本身的自律。」〔註27〕

此外，在全球性資本主義浪潮下，社會風氣的商業化與觀光化也影響到宗教界，盧俊義牧師說：「我們看到到處都是戴念珠的人，出入黑道、酒家的人都戴；而十字架也一樣，由胸前改到耳上。這種商業化，已經影響到宗教的本質。」〔註28〕2006 年 10 月 15 日，我偕吳世英等到旗山五智山光明王寺去巡禮，獲知此東密道場同樣面臨到是「一心走上修持之路」還是「開放部份觀光」的抉擇，這要看徹定管長的決心了。至於佛教，佛學蘊涵一切世出入世之學，此已是全球各國從事佛學研究者之認識、之所趨。由於佛教非佛學，印順導師在其著作中已一再詳明，所以佛教研究者應有一些相當的涵養，以期能深入法義，解行並進，這些問題已有很多學者專家在探討，如昭慧法師與蔡耀明博士。在研究上，以哲學與社會學角度來研究佛學與佛教現象，還普遍存在於學界，如林本炫、瞿海源、楊惠南、賴賢宗與周慶華、鄭志明等教授的作品。

就教界而言，存在著總總傳統上的問題，如政教關係、宗教法人法、佛教教育，以及面對新世代衝擊在發展上以及濟化活動上的革新問題。與藝文、田園結合，來推展教化，是當前臺灣教界新趨勢，甚至於在法會上有著更創新與聳人聽聞的舉動，如結合園藝與選美活動，是中台禪寺的創舉，但部份活動卻引發爭議，因國人認為寺院不適合過於俗化。佛教事業變得千頭萬緒，行人要審細觀察、體驗與反省處境及其進路。隨著社會變遷，都市雖然林立，然而臺灣的宗教問題，還是跟臺灣人的生活習性、民俗信仰，以及政經活動，綁在一塊，這當然會影響到她的生態與僧團的部份發展。如臺灣民眾，拜物質豐厚之賜，在生存生活上為了尋找新的活路與契機，很多人走上朝香團、會靈山、跑神壇，或勤找命理、風水、通靈師來解運的行徑，而

〔註26〕《中國時報》，民國 87 年 5 月 13 日陳碧雲報導。
〔註27〕〈化解宗教與世俗對立〉，民國 85 年 9 月 16 日《中國時報》7「社會脈動」。
〔註28〕張春華〈以出世心情入世、宗教問題攤開談〉文。

佛教顯密信徒的隨緣皈依與灌頂、禮拜的活動，也是很活絡熾盛的，這顯現出許多民眾心靈的空虛與欲求之盛，這如同尊者說的是依法行不夠實在造成的。一些庶民，因此失卻了原本循規蹈矩的日常生活，而成為社會問題。這些現象很值得政府、企業家與學界、公益團體的注目，由是心靈環保活動與宗教博物館因應而生，宗教與各層面的文化更緊密的聯結，以推展其濟化活動，這是可喜現象。環境污染與破壞，是近年來國人至為關切的問題，〔註29〕零廢棄、社區的文化發展與生態環境的維護等，當然就少不了宗教團體與熱心人士的參與，這也是社會進步的象徵。慈濟人不僅尊重人命也尊重物命，其說：「惜福愛物，力行環保，是尊重物命的實踐。」「而在慈濟人的辭典中，尊重生命不只是護惜生命，更重要得是善用生命，充份發揮生命的價值。」「上人形容這是精而純的生命，不論長短，精神都能長存人間；反之，讓生命粗糙浪費掉，就是最沒價值的人生。」〔註30〕宗教界的這些作為也是全球化與在地化的一種運動，其缺憾是社會卻變成派系互相較勁的場域，宗教界的市場化發展成了學者專家所說的墮入資本主義全球化的陷阱之中而不自覺。

　　至於政治與宗教問題，是千年公案，是一部王權與僧伽制度問題。明復法師在〈中國佛教寺院制度的演變及其前途〉文中說：「主因就在於中國佛教自始以來，即未能依據佛制建立起一個如法的、統一的、有力的僧伽組織，來住持佛法，攝導四眾。相反的，不了解佛法，無弘濟願心的人，卻假藉著王力自在，建立一套鉗制壓抑佛教徒眾的、以寺轄官的僧官制度，及以僧僧隸寺的僧籍制度，並借著這兩種制度的實施，以王法律令取代了三聚淨戒，以世俗宗法制度暗換了六和敬法，遂使寺院與僧伽合而為一，僧伽與俗家了無差別。在社會中，無法積極的發揮宗教的功能，還得依靠著官府的維持，纔能存在，這是當初官府箝制佛教時所沒有想到的。後來談到寺院問題，不論是管理也罷，監督也罷，都有點不勝其煩，莫可奈何的意味在內。」〔註31〕明復法師所談到的，是佛教中國化的現象之一，其思維較為理想性，護教不留遺力；佛教行者，有四眾，不限於方外之人，當各有其僧團組織，但中國佛教一向特重僧尼兩眾，而以僧人為高，引發尼眾的不滿與質疑，這也是教

〔註29〕 簡又新《意識、共識與環保》「提昇環境品質迎向21世紀」（民國79年5月1
　　　　 日行政院環境保護署），頁3。
〔註30〕〈尊重致祥和〉，《慈濟》月刊479期頁1，2006年10月25日。
〔註31〕《明復法師佛學文叢》第一冊，頁25～26。

內的大問題，密宗也不例外，各方都在弭合這種摩擦，也採取了一些民主的
作風，如尼寺與尼眾僧團的成立；但居士團體學會，在臺灣尤其是如雨後春
筍般，一一竄起，如李元松的現代禪、宋七力、妙天、李善單與蕭平實，還
有獨立門戶自修的佛教團體在醞釀生成為新興教派，這些都衝擊著傳統佛教
界的出家眾僧團。至於，僧人號稱方外之人，不依王法高尚其志，古今都是
稀罕；依據社會學的說法，這世間能稱得上真自由的人是少之又少，絕大部
份的人需要約制與引導，〔註 32〕才得走上而享受所謂安和樂利的人生，佛法
不離世間覺道理在此，人間佛教，佛教即生活，也立基於此。一些人反對人
間佛教，有立基不依官宦立場，有立基於修持，而明復法師則是以禪釋心耳，
格調陳義高尚，強調「禪無餘」，一切言行皆然；至於惟覺但說大乘心，善開
方便門，與其他山頭爭佛弟子來做事業，彷似閒中忙做事貌，找事情、找志
業來鬧鬧，使禪行不致於變成死禪。

　　佛教既然中國化了，而臺灣人民受憲法保障，有從政與信仰宗教的自由。
面對政治問題，還是要回歸到佛教教團的問題上來看，至於現代佛教徒應該
對政治採取什麼態度，「星雲認為太虛大師說的『問政而不干政』最為中肯客
觀。〔註 33〕佛教有僧俗四眾，不可能人人都不過問政治、不關心政治，如李
子寬居士本要出家，因其與政治關係良好，師父要其留在世俗，方便護持佛
教，事見其自傳《百年一夢》。佛教要辦大學，當然要考慮到辦怎樣的大學，
是僧才、佛教人才的培養，還是並眾世俗的濟化呢？我想最後的結果，部份
會走上西方式的教育模式，僧尼、僧俗分離與並重之路，佛寺、道場、學會
亦然。談到政治，釋昭慧法師在〈宗教真能超然於政治嗎？〉文中說：「總之，
尊重因緣的個別差異，尊重多元的選擇意向，而不強人以從己，這就是佛教
徒（包括法師與居士）面對政治所應有的超然態度。唯一底線是：熱中從政
或參選的出家人，以還俗後進行為宜，不宜以佛教徒僧侶的身份從政或參選，
因為那會妨礙僧侶正業的修學、弘法，以及僧侶所應有的淡泊的生活方式。」
〔註 34〕她一席話，把佛教僧人與政治糾結之葛藤給徹底砍斷了。僧人道人介

〔註32〕從古至今的宗教，總會存在著一些內外部問題，而影響到社會的觀瞻與政治
　　　的干預，法難通常也如是產生的。葉小文在〈宗教局長不信鬼神管宗教〉文
　　　中（《把中國宗教的真實情況告訴美國人民》，頁 250）說：「中國大量的宗教
　　　問題把法院忙死也解決不完，因此必須有一個有權威的國家機構去處理這些
　　　事情。」（1999 年 3 月，北京宗教文化出版社）
〔註33〕符芝瑛《星雲大師傳》「人間佛教的政治觀」，頁 172。
〔註34〕《中國時報》，民國 89 年 3 月 3 日「時論廣場」。

入政治，說一些危言聳聽的話，借此影響選情，是臺灣的一種宗教現象，也是社會問題。最近聽某法師說某人涉及貪污，是：「臺灣人的共業！」一個人的作爲，是業力所感，群體的無意識行爲，是無明造成，佛教基於渡化群迷，方便說它是共業，然此共業也是一串串別業的心行促成的，個人的別業要自我去承擔，莫推諉給他人，又患上另一個無明妄心。如同尊者說的，善有善報、惡有惡報，是立基於一個人的自我心行，〔註35〕環境是跟人的心行互相呼應、互爲因果的，一個人有羞恥心的人，做壞事做錯事，不能推託是受到環境與他人的影響。

　　佛教徒早出家、晚出家，當視因緣與個別差異之修學程度，出家好修行或在家有方便，這如同那說「平常心是道」一樣，有種種方便異說，但總歸要依因緣時節，正因正行。漢藏佛教的融通亦然，各自受到不同文化、環境與自覺的影響，其途路因而就有所差異。如印度藏人，已接受比丘尼僧團，或改變葷食習慣而素食，對明妃修法也有新的闡釋，這在在都是文化交流下的增上。總之，傳統佛教因時空環境的轉變，心行比之戒嚴以前大不相同，且受到其他諸宗教信仰的衝擊，當然包括密宗的影響，本土新興教派與學會一一產生，這連帶使顯教多方檢討改善，如在禪觀與教理、教團組織、佛教教育、文藝活動，以及物命關懷與臨終關懷方面，更加的著力，實踐那佛法的眞諦，以及不離世間覺的理念。

　　在教團方面，臺灣獨特地發展出人間佛教，它是很多佛教徒不論僧尼、聖俗在積極參與的活動。闞正宗說：「或謂人間佛教與傳統緇素的理念有悖，最大的衝突是在出世與入世。可是無論是傳統的或進步都無法拋棄佛教的終極關懷，也就是最後的解脫。（中略）人間佛教在大陸幾乎沒有實踐，就因爲國共內戰導致兩岸分治，並隨著國府的遷臺而找到了開展的契機，其中文革正是一個機會點。（中略）在臺灣佛教內部，要徹底的改變佛教給人的迷信、腐化、經懺的印象，三個環節是息息鄉關的，那就是慈善、文化、教育。（中略）臺灣的人間佛教，是多元的面向，沒有人可以抑他揚己，或是界定個別的人間佛教是俗諦還是聖諦。（中略）在戰後新四法脈之外，還有幾個逐漸在發展中的教團值得注意。」〔註36〕

〔註35〕達賴喇嘛著、楊書婷等譯《心與夢解析》（2008 年 9 月，大是文化），頁 180
　　　　～181。
〔註36〕參見《重讀臺灣佛教——戰後臺灣佛教續編》，「第六章總結」（民國 93 年 4

　　臺灣的佛教發展，隨著兩岸的頻繁交流，勢必會影響大陸佛教未來的走向，以及學術的研究。然檢討起人間佛教，您會發覺一些有趣的現象，還有一些問題，如太虛法師的「人生佛教」，就與印順法師所強調的不同，而印順法師的「人間佛教」又有別於證嚴法師的人間佛教，我想這如同昭慧法師說的，身為佛教徒尊重個人因緣，尊重個人選擇。從早期廣欽老和尚來看，他是講究修行的，強調佛法不同於那政治法門，事見《廣公上人事蹟續編》；其主張「出家人做事，當與道合；否則看起來和在家人一樣，都是為了三餐做事。」又說：「因地不正確，只會徒增煩惱。」〔註37〕修行好有德行，也能度眾，所以古往今來的高僧大德多的是清修而節操高尚者，臺灣僧人同俗人眷屬混雜，說它是人間佛教，大為保守人士所詬病，但怕妨礙信徒對佛法的信心與傳揚，不願公開說人壞話，因佛法是修自家事的緣故。後之聖嚴、惟覺、心道法師，一以學問僧，一以修行僧，一以苦行僧，都獲得廣大信徒的揚舉，但不期然這些法師最後還如星雲法師、證嚴法師也配合政府，推展各自所謂的人間佛教，僅僅是揚舉的名色不同而已。佛教高僧們擺脫了個人的修持，走到社會上去行化，自己道場也罕有吸引好人才的特色。

　　李世偉在闞正宗《重讀臺灣佛教》「正編」序文中說：「許多道場積極於建立佛教事業，卻少有內部獨特宗風的建構，這種外向型的宗教風格，極易流於形式化與異化，也會讓有心解脫之道的信眾另尋出路，早期許多大專青年向不識字的廣欽法師學佛，近十餘年來南傳佛教、藏傳佛教、現代禪等新興佛教的興起皆可看出人間佛教發展的困境。」〔註38〕據我所知，明復法師都曾關心過很多宗教團體的事務，但行人多想發展自己的風格，所以再建議也會讓人嫌的，而旗山五智山光明王寺其建構已經逐漸展露頭角，當中明復法師與徽定管長費的心力不少，但此宗還存在著宗主的傳承與僧尼的混居、開放觀光與否的問題。

　　再者，人間佛教在臺灣，看似揚起大旗了，但實際的工作卻常有疏失之處。從稍早的中台剃度風波，到靈鷲山的桃色新聞，佛光大學的烤全羊與色情問題，慈濟的一滴血事件，還有許多道場山坡地不當利用，主事者喜好收集古董寶物等問題。均可以看出臺灣佛教團體中，物化的現象嚴重，本位主

　　　　月千出版社），頁 482～491。
〔註37〕《廣公上人事蹟續編》（民國 87 年 6 月，承天禪寺），頁 88、138、143、
　　　　158、178。
〔註38〕《重讀臺灣佛教》正編「序文」，頁 19。

義也很是濃厚，導致「社會大眾對其宗教形象趨向負面」，「或者專業化與現代化的嚴重不足」，導致種種方面有缺憾之虞。〔註39〕當今佛教的發展，已不僅限於教團的問題，佛教還經營著俗務事業，或者是寺廟、道場或者是法會活動，關涉到跟俗世相關的一些事務如財物、建築，以及衛生醫療等問題，在在牽涉到法律規範的層面；整體來說，社會人士看宗教問題，已不純是信仰問題，她看起來還是一個很特殊、享有部份特權的團體。「經營企業講究機變與過渡，而道法則重視實在的行法。」宗教講求自律，而企業的人性管理要講求人道立場，還有生存競爭的機制，因此企業難以達到要員工都安住在「個個為人」的基礎上。而宗教經營企業，是回饋眾生，取之於社會用之於社會，「發揮無緣大慈，同體大悲的心。」因此，宗教企業偏重於對領導人的崇敬，還有員工的服務熱忱與愛心；其不似民間企業主以利潤為導向，不似道法以修己度人為己任，企業即使要回饋於社會，還是以物質性為前提，而不是主張法性慧命。〔註40〕由此可知，宗教涉及到俗務事業，難免讓世人產生某些方面的知見，但宗教為了配合時代的腳步，以及隨著人文科技、法律、財經、環保觀念的發展，還是要引進一些新穎而合理適用的制度，如 ISO 以及 HACCP〔有關食品衛生管制系統〕等國際上採用、政府核可的最新認證制度，以增強公信力，這也是佛教發展上必須調整的腳步。當前宗教法人法的訂立，就陷在宗教傳統與新潮流趨勢、信仰與現實利益的迷失當中，有望國中有力人士能集思廣意去突破目前的困境，尤其是對於寺廟管理問題，以及民間有關宗教信仰、神明會等相關的法令，〔註41〕也要加以研習；更重要的是，不斷地探討當前現代化的教育理論，吸收新的學科知識，充份發揮佛教的倫理學，並隨時掌握社會人心的脈動，以利於內部的教育、僧團的發展，還有宏化的願行。總之，對於人間佛教，如周慶華說的，要再給予「切合實際的構設」。

當前社會除了密法熱之外，還流行著禪修與氣功熱，但有一些人把氣功、禪修、道法三者分開了。如練自然功法者來說，不說氣功與宗教，因氣功不

〔註39〕前引書序，頁19～20。
〔註40〕陳文元〈禪修中持咒練氣的功德——密法的行持與自我管理〉「結論——以假修真」（民國94年3月，真佛宗《2004臺灣密宗學術研討會論文集》），頁131。
〔註41〕有關神明會的問題，請參閱黃懷遠、黃明芳編著《神明會實務與法令廣輯》，民國85年12月大江出版社。

是一時練得出來的，因怕人說斂財或說是騙人的；練功而說是一種宗教，還會被一些人冠上迷信的帽子，〔註42〕人家或以爲是神壇中人，所以有一蕭師兄出外教學，沒私設道場，名稱以自然內功來吸引學人。其教學內容，很多樣化，破斥諸宗教、氣功與神壇的一些迷情現象，但雅好太極之貌象、無極之虛無狀態。其自然內功也著重在心性修爲，靜功中包含著動功，靈動而心不動，這一點一般人就很難入門了。自然內功在啓靈上，很像自發動功，自發動功得氣很快，但是也很容易走火入魔，變得感通氣虛，成爲乩童樣，說自己是某活佛、濟公之類，忘了當初練功的旨意。所以靈動繞氣圈，如同自發動功，得氣感氣快，練功出偏也快。就此，學者當先看《走火入魔》一書了。打坐也好，練氣功也好，練氣圈發動磁場也好，如同楊贊儒所說的，「即使氣動的很激烈，您要觀想這是自己的靈氣在動，絕對不要想成是某某神佛來附身，要救人救世，否則有一天您會被關到精神醫院。」〔註43〕看蕭師兄在傳授功法時，看學員練習時的神情，就一點通靈的成份在，他是常到地藏庵繞氣借氣來辦事的，用來感知別人的一些心事。蕭師兄說他不練氣、不持咒，他也要學員不要持咒繞氣圈，但學員們都跟其師久了，習慣於持誦繞氣或持誦後繞氣，由是更加氣定靈通而不是靈動，有的學員一直靈動，感知到一串串的怪現象。這種師心自捫的現象，如惟覺引古德話說的：「慈悲生禍害，方便趨下流。」

　　同樣是教「無極心法」鸞堂出身的楊贊儒，後來遊學密宗，其說：「靈動大都是由氣動而來，所以氣動當中要有一個理念，這是我們自己的靈在動，絕對不要誤以爲是什麼神靈來了。否則您會變成傀儡，變成別人的化身。因爲氣動之後，您的潛意識會飄浮不定，如果您接收到靈界一些搗蛋鬼的訊息，搗蛋鬼專門說謊話，最喜歡作弄人，那時您沒有自己的意識，沒有足夠的智慧來分辨眞僞，功力就會瓦解，變成牛鬼蛇神，天天天方夜譚，鬼話連篇。所以身動、氣動，不要靈動，靈動容易走偏，這點理念大家要謹記在心。」〔註44〕他勸人練氣功要配合禪定，因爲氣功只是禪定的一小部份，而且「禪定可以讓我們心靈得到眞正的解脫，斷滅煩惱與輪迴。」我想蕭師兄所傳的功法亦然，修練者當先以禪修爲基礎，在神通功法之前，眞的要審細思索、想好爲何而練，如是

〔註42〕楊贊儒《禪定與氣功》（82年6月15日，臺中聖德雜誌社），頁93。
〔註43〕楊贊儒，前引書第六堂課「談氣功的修練與立禪功」，頁97。
〔註44〕楊贊儒，前引書，頁98。

道教中人在於與道冥合爲主，如是佛子則要在發菩提心，以行濟化利生事業爲前提，但玩火總是容易出偏的。如新莊蕭師兄、宜蘭壯圍林老師，都如鄭志明教授所說的，是社會上流行的靈乩活動，他們都僅是其中的一員，其差別在有無神壇，同處在借靈光辦事，一不小心則被靈體附著，而恍神失態，成了名符其實的乩童模樣。古人練氣功，就是在修行，「只是現在都變質了，變成二分法，氣功是氣功，宗教是宗教。練氣功的人，可以也沒有宗教信仰，不急於行善積德，只修身養性。但是須知一個很重要的觀念，以精神來說，練氣功只是得到氣，而神才是一種成就，超越肉體，練到神境，才能還虛合道。心物是一體的，只有物，沒有心，顯不出大妙。」〔註45〕密宗修持，特重一種心氣行法，修氣時也在修心，種非佛非道、亦佛亦道的俗世宗教現象，臺中聖德宮、臺北濟德文化學會就是實例。這也就如闞正宗居士說的，解嚴後一貫道成了合法宗教，佛教與一貫道競爭信徒白熱化了，上述行人的活動，以及其思想的趨向與宗教之底蘊，很值得我們使心光達到透脫，覺性自然了然，而大放光明。顯教利根者六祖惠能則說：「吾今教汝，識自心眾生，見自心佛性。」「汝等心若險曲，即佛在眾生中；一念平直，即是眾生成佛。」其留一偈給門人，說能識意者，「自見本心，自成佛道。」〔註46〕淨因淨果，是大乘佛教所特重的，「但用此心，直了成佛」，最是捷徑。如今，道門也不斷吸收佛教禪修的功夫、心法，融入其教法之中，造成社會上出現了一大堆禪學大師、密教法王，這足以提供研究民間宗教者共同來留意省思。但宗教與單修禪與氣術的外道行人不同處，是其有三皈依，所以修行時罕有魔障，有智慧與善友依靠的緣故。

　　目前臺灣的宗教界，尤其是佛教，弘法的管道很是多元，充分看出臺灣佛教旺盛的開展力。「以佛法的普及弘化來看，福嚴佛學院院長大航法師就指出，現代臺灣佛教可以說是漢傳佛教傳入中國以來，最興旺的時期。至於原因，法師認爲除了臺灣的政治穩定、經濟繁榮與自由民主等外在條件的促成，最主要的還在於臺灣佛教界有一股積極弘化的潮流，並因而帶動整體佛教的發展。」〔註47〕他所說的整體發展，是推進大陸、推進華人世界以及在世界其他的國家去弘法利生。

　　至於密宗在臺灣發展，也善用了傳媒的力量，但其卻步入以往顯教的路

〔註45〕楊贊儒，前引書，頁109～110。
〔註46〕《六祖壇經》「付囑品第十」。
〔註47〕《人生雜誌》第182期編輯室〈臺灣佛教的傳統與現代〉，頁42。

數，對所謂外道深具排他性，如網路穢跡金剛的家，羅列了所謂的「家族排外名單」以及「具有爭議性的著作」，且說：「以上的名單、教派或網站因具有爭議性，故禁止其相關文章張貼及連結。」〔註48〕「除了傳播媒體無遠弗屆的弘法魅力，科際整合也是現代臺灣佛教的發展新趨勢，佛教界結合了心理學、社會學、醫學、文學等多整不同的學科領域，為現代人開展出豐碩而開放的成果。」在臺灣、歐美地區，「更強調世學與佛教的結合，所以弘法的表現上較為開放。」〔註49〕佛教界從爭取設立宗教學院，以及私立大學，多次與教育部溝通，民國79年華梵大學成立，學校推動覺之教育，致力於提唱儒、佛思想，培養人師以挽救世道人心，是佛教界的一大志業。〔註50〕佛教大學陸續成立，隨著社會風氣，佛教也討論到大學合併問題，但因佛教諸大學才剛成立不久，且各校發展方向與特色有別，多持反對態度。佛教界也逐漸體會到學術的重要性，如大航法師在〈信仰與學術〉一文中說：「有時候我們會誤解學術，覺得修行不該談學術，認為談學術就會造成修行上的偏差；或以為學術萬能，可以解決所有的事。這是誤解、迷信學術，學術本身沒有過失，它是一種工具，只要恰當認識學術，認識學術的有效性及有限性，學術就能發揮其功能。」〔註51〕

　　佛教界近年來的努力，「佛法在現代社會裡已經不是難聞了，甚至可以就個人的需要去尋找最契機的學佛管道。」佛教從山林佛教、遁世宗教的一般人錯覺或刻板印象，轉變成對社會無限的關懷與慈悲，讓世人體會到所謂的菩薩道精神。「而強調教育與開放性格的佛教界，也以其對世界的關懷，與其他宗教展開對話的企圖心，從臺灣邁向世界，不但展現了承繼二千年來悠久歷史菁華的成就，更因與時代的互動，而充滿無限的未來開展性。」〔註52〕佛教對教育的重視，其實也是弘法的重要環結，大航法師認為「弘化其實就是教育」，〔註53〕甚至可以說：「弘化或者是濟化活動，本質上就是一種教育。」佛子發菩提心，也要行解相應，佛法能進入社會上的每一個角落，而產生極大的力量，就是這種菩薩行願的落實。宗教如同個人的修持，要經得起考驗，

〔註48〕　網址：http://www.ucchusma.idv.tw/ucchusma/ucchusmail.htm。
〔註49〕　《人生雜誌》第182期編輯室〈臺灣佛教的傳統與現代〉，頁44。
〔註50〕　《海潮音》第79卷第1期「教訊──曉雲法師榮獲文化獎」，頁34。
〔註51〕　《佛藏》第11期「學術會議專題──首界兩岸禪學研討會特刊系列2」，頁29。
〔註52〕　《人生雜誌》第182期編輯室〈臺灣佛教的傳統與現代〉，頁45。
〔註53〕　同前註。

以及時代的洗禮，如聖嚴法師說的：「開不出新興的境界，它便是迷信而不是正信」。當前佛教外貌鮮麗，內在潛藏危機，大爲學者所詬病，佛教的本質、門風問題，在在考驗著一些掛在嘴邊說我忙於弘法利生者。周慶華在〈後佛學的幾個研究方向〉文中說：「佛教俗化，已經可以預見不會是一條康莊大道。」〔註54〕走傳統的人間佛教教團，眞要反省。

　　從另一角度來看，佛教從大陸移植到臺灣，初時是老幹新枝，發展上有點老氣、帶點嬌嫩，還有一絲絲的骨氣，發展到如今與諸宗教信仰不斷地交談對話；與科技文明互增榮光，并配合政府各項心靈改革運動，自信地擔負著淨化人心的使命來，使得這深具佛教傳統的老幹發起了一株株的新芽，而又逐漸在茁壯成長，佛子望著藍天帶著綠意，佛教的發展，彷彿不大受當前政經局勢的影響，而展現出活潑與開放的氣度，迎向世界各個角落需要的人群伸展出去，成爲臺灣當前本土化、國際化的一大特色。由表面上看，佛教很有生氣，帶有韌性與活力，發菩提心，行大悲願，是其有別於諸宗教的最大特色。然聖嚴法師說：「全球性的佛教行政組織，雖未見於根本佛教的要求，卻是今後時代所急需，若想藉此聯誼會的發展而成爲全球佛教的行政組織，恐怕還要努力若干時日哩！」〔註55〕但這就要關涉到佛教與政治的問題，目前臺灣佛教不是一個政治形態的組織體系，有其方便與不便處。臺海兩岸的佛教發展，有部份相近處，如同王雷泉教授〈致江燦騰先生書──兼論大陸佛教研究現況」文中說的：「中國佛教最大的問題，在於教團渙散，戒學不振，而我們至今還沒有投效力量從事這類研究。」「居士佛教興起，與僧團退墮，互爲因果，以至近代出現歐陽漸『居士可以住持佛法』的口號。人間佛教口號，只能落實到居士佛教。理論上不闡明這一題，以至目前在實踐上只把注意力放在以觀光爲主的寺院建設上。」〔註56〕這些問題，一部份也是當前臺灣佛教正面臨到的重大問題，但以僧官制度爲中心發展出的政教關係，以寺院經濟爲中心所產生的佛教社會活動，也該多留意一些社會現象，因爲人類文明的發展，脫離不了政治與經濟，而中國文化與臺灣文化的發展，少不了佛教文化，而民間信仰與習俗少不了儒家的倫理。臺灣的居士上進心強，大

〔註54〕周慶華《後佛學》（民國93年4月，里仁書局），頁13。

〔註55〕釋聖嚴《正信的佛教》（民國81年9月，東初出版社）「佛教有統一的行政組織嗎？」，頁165。

〔註56〕江燦騰《現代中國史新論》（民國83年4月，淨心文教基金會）附錄二，頁336。

都受儒家思想所熏陶過，所以能獨自弘化，也能加入社群活動，更進而組成佛教學會，儼然是新興的宗教團體。

　　而佛教與佛學、科學的不斷對話，也有其意義。「如傳統科學對生死、意識的理論正確無誤，瀕死經驗根本就不可能發生。」〔註 57〕有人認為科學須正視靈魂存在的可能性。舒吉在《人類宗教──佛學篇》「譯者的話」文中說：「佛學，這個東方奇蹟，通過了東西文化交流（也就是說：當著述人試用採自西方哲學、心理學、文學的語法、名詞、比喻和意象來剖析、闡釋佛陀的心要時），竟使我們觀感一新。」〔註 58〕而張澄基則說：「西洋人對佛學發生濃厚的興趣是最近的事，一般來說，他們因為有充實的哲學和宗教學基礎，所以能很快的吸收佛學的精華，經過一番『現代的消化』再表達出來，確有我們所未見到之處，或未如是闡揚之處，至少表現出一種另外的風格。從別人的嘴裡常能發現自己的本來面目，西洋人的佛學書籍像一面鏡子，一面反映出對佛學之另一種看法或表達方式，同時亦為佛法之當代價值與不朽意義作證。」〔註 59〕三十多年來臺灣僧尼、學界在修持與研究上不斷地努力、對話，使得佛學這豐富的文化寶藏，不再「埋沒在陰暗的腳落裡」，而是透過傳媒的力量，已廣為大眾所知曉，不似那中國古代佛教與佛法僅是高僧、士夫所專尚的高深學問與學術。而佛學及其法門，要弘傳久遠，教內人士也一再反省，指明初出家僧尼不僅要一門深入，在義理上也要鑽研深究，佛法是人類共通的資產，他人來參問時，你不能一問三不知，只如古德說念佛去、參禪去，對於樣樣講求科學、理性與速食的現代人，你要很善巧，所以要有相當的學養與人生歷練；碰到國人都使不出佛法的妙用，如何教導異國或他教人士；而不論僧俗兩眾，護持佛教要如法行，不尚浮華方便，法性慧命的長養終歸要依賴那些對實際理地奉行的佛子，而不僅在人間佛教的推廣，也不是在於講究佛法的現代化變遷。

〔註 57〕 Anita Bartholomew〈雖死猶生──從科學角度看人類靈魂〉（2004 年 9 月，《讀者文摘》），頁 37。

〔註 58〕 赫士唐‧史密斯著、舒吉譯《人類的宗教──佛學篇》（民國 58 年 5 月，美國佛教會），頁 126。

〔註 59〕 赫士唐‧史密斯，前引書「引言」，頁 1～3。

圖 7-1　寺院新心結

圖 7-2　心道法師刊物——對話與轉變

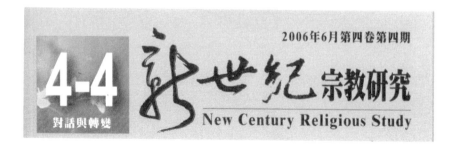

圖 7-3　新興宗教的教學

圖 7-4　受刑人皈依

台南軍人監獄中，佛教的地皎法師前往弘法，受刑人虔誠皈依，咸稱為一時之盛。

圖 7-5　宗教與藝術結合

圖 7-6　宗教與學術活動

圖 7-7　法鼓山禪修活動

圖 7-8　宗教無國界

參考書目

一、重要史料

1. 《了然法師法彙》，民國 69 年 5 月，臺北市佛教出版社。
2. 《天主教梵蒂岡第二屆大公會議文獻》，民國 72 年 5 月 4 日，天主教協會版。
3. 《世說新語》。
4. 《古尊宿語錄》，1994 年 5 月，北京中華書局。
5. 《明會典》卷之一百四「僧道」。
6. 《南亭和尚全集》」，民國 79 年 9 月，臺北市華嚴蓮社。
7. 《虛雲和尚方便開示》，民國 80 年 8 月，中華佛教文化館印贈。
8. 《廣增印光法師文鈔》（一），民國 45 年 1 月，瑞成書局民。
9. 《慧明法師開示錄》，民國 76 年 12 月，臺芳書局。
10. 《禪宗語錄輯要》，1992 年 9 月，上海古籍出版社。
11. 《勸發菩提心・菩薩學處合刊》，民國 89 年 12 月，佛陀教育基金會。
12. 丁福保《六祖壇經》箋註，民國 72 年 12 月，臺南吳修齊印贈。
13. 小栗憲一著、釋慧淨編訂《淨宗教旨》，民國 83 年 5 月。
14. 石峻等編《中國佛教思想資料選編》第 3 卷第 4 冊，1991 年 10 月，北京中華書局。
15. 宗喀巴大師《菩提道次第廣論》，民國 80 年 10 月，臺北市菩提佛學會。
16. 洪邁《唐人萬首絕句選》，民國 58 年，文光出版社。
17. 貢西格西《金剛密鑒》，聯合影藝雜誌社。
18. 黃夏年主編《巨贊集》，民國 84 年 12 月，北京中國社會科學。

19. 錢伊庵《宗範錄》」，民國72年2月，華嚴蓮社。

20. 釋月溪《大方廣圓覺修多羅了義經疏》，民國86年6月，宏祥印行。

21. 釋玄妙等集《淨土精華錄》，民國84年8月，高雄市淨宗學會。

22. 釋延壽《萬善同歸集》三卷，民國63年9月，臺北新文豐出版公司。

23. 釋明復主編《禪門逸書》初編，1980年1月，明文書局。

24. 釋淨慧《虛雲和尚開示錄》，民國83年2月，圓明出版社。

25. 釋惠洪《禪林僧寶傳》卷第一「撫州曹山本寂禪師傳」，民國62年6月，臺北新文豐初版。

26. 釋普濟《五燈會元》卷第三「洪州百丈山懷海禪師」，民國65年1月，德昌出版社。

27. 釋智顗《修習止觀坐禪法要》。

28. 釋湛愚《心燈錄》六卷，民國75年10月，自由出版社。

29. 釋逸人編述《重訂西方公據》，民國82年4月，臺中青蓮出版社。

30. 釋道原《景德傳燈錄》，民國56年2月，真善美出版社。

31. 釋靜筠《祖堂集》，1984年6月，中文出版社。

32. 魏源《老子本義》，民國62年5月，華聯出版社。

33. 敦煌本《壇經》，民國71年1月，龍田出版社影印《中國佛教思想資料選編》。

34. 宗寶本《壇經》，民國71年1月，龍田出版社影印《中國佛教思想資料選編》。

38. 《印光法師文鈔》四冊，民國45年1月，臺中瑞成書局。

39. 《明復法師佛學文叢》，2006年9月，覺風藝術文化。

40. 連橫《雅堂筆記》，2005年7月，廣西人民出版社。

二、一般論著

1. 《2004臺灣密宗學術研討會論文集》，2005年3月，真佛宗出版

2. 《2005臺灣密宗國際學術研討會——文化與藝術》會議手冊與「工作紀實」，民國94年10月23日，真佛宗出版社。

3. 《2006臺灣密宗國際學術研討會論文集》，2006年10月22日，真佛宗出版社。

4. 《中國民俗學論文選》，1986年7月，中國民間文藝出版社。

5. 《中國佛學》，民癸亥年6月，海明佛學院。

6. 《史懷哲自傳》，文國書局。

7. 《佛教史與佛教藝術：明復法師圓寂一週年紀念研討會論文集》（二），民國 95 年 5 月 14 日，現代佛教學會。

8. 《佛學入門》，民國 87 年 2 月，佛陀教育基金會。

9. 《宗教與民俗醫療學報》創刊號，民國 94 年 6 月，大元書局民。

10. 《密乘初階》，民國 76 年，文殊佛教文化中心印行。

11. 《淨心長老論文集》，民國 85 年 1 月，淨覺佛教事業護法會民。

12. 《第一屆臺灣密宗學術研討會會議手冊》，民國 93 年 11 月 4 日。

13. 《陳健民百歲冥誕紀念與漢藏佛教交流研討會論文集》，2004 年 12 月 12 日，現代佛教學會。

14. 《景文技術學院宗教、人文、管理學術研討會論文集》，民國 93 年 5 月 26 日，景文科技大學通識心。

15. 《當代佛寺建築文化與經營管理》論文集，民國 91 年 12 月，中華佛寺協會。

16. 《漢藏佛教交流座談會手冊》，民國 93 年 10 月 7 日，內政部出版。

17. 《廣公上人事蹟續編》，民國 87 年 6 月，承天禪寺。

18. 《學佛手冊》，民國 83 年 1 月，佛教圓因功德會叢書。

19. 《禪門法語新知 10》，民國 82 年，禪門出版社印行。

20. 《藏密修法精粹》，民國 88 年 4 月，臺北佛教同修會。

21. de Groot,J.J.M.1903.Sectarianism and Religious Persecution in China，1963 年，臺北經文書局重印。

22. H.Saddhatissa 著、姚治華譯《佛教倫理學》序，民國 82 年 3 月，黎明文化。

23. Weber,Max 著、簡惠美譯《中國的宗教：儒教與道教》，1989 年，臺北遠流出版公司。

24. 于凌波《中國近現代佛教人物志》，1995 年 9 月，宗教文化出版社。

25. 羅納德，約翰斯通著、尹今黎等譯《社會中的宗教》，1991 年 1 月，四川人民出版社。

26. 內政部《宗教簡介》，民國 92 年 12 月編印。

27. 尤智表《佛教科學觀》，民國 78 年 7 月，天華出版事業。

28. 王世禎（飛雲山人）《人神相通的靈動秘典》，佛光企業社。

29. 王世禎《人神相通六大秘典 3——道家符咒請神求財秘典》，佛光企業社。

30. 王世禎《臺灣王爺神力秘典》，佛光企業。

31. 王國奉《全方位大乘禪學》，2004 年 3 月，展望出版社。

32. 王朝聰《禪定心靜》，1994 年 12 月，滿庭芳出版社。

33. 王鳳儀《丹道文化——養生系列一》，民國 93 年 12 月，丹道文化出版事業有限公司。

34. 甘克誠所編《社曾科學概論——倫理與道德》，民國 88 年 8 月，廣興書局。

35. 全佛編輯部《神通的原理與修持》，2003 年 1 月，中國社會科學。

36. 朱其麟《在家學佛寶典》，民國 80 年 7 月 30 日，世佛雜誌社。

37. 江燦騰《現代中國佛教史新論》，民國 83 年 4 月，淨心文教基金會。

38. 牟鐘鑒主編《宗教與民族》，2006 年 6 月，北京宗教文化出版社。

39. 艾美・史密特著、周和君譯《佛陀的女兒》，2003 年 10 月，橡樹林文化。

40. 何光滬《宗教與世界叢書》總序，1988 年 1 月。

41. 余崇生、賴建成編輯《佛學譯粹》第一卷第一期，1986，佛學譯粹雜誌社。

42. 余紹坡《人生最大的一件事》，民國 66 年 4 月，於新店。

43. 吳堯峰《宗教法規十講》，民國 81 年 8 月，佛光出版社。

44. 呂江銘《官將首——唯一發源於臺北縣的家將藝陣》，2002 年 11 月，唐山出版社。

45. 呂澂《西藏佛學原論》，民國 92 年 2 月，大千出版社。

46. 葉小文《把中國教的真實情況告訴美國人民》，1999 年 3 月，北京宗教文化出版社。

47. 李子寬《百年一夢》，民國 60 年出版。

48. 李元松《阿含、般若、禪、密、淨土——論佛教的根本思想與修證原理》，1998 年 2 月，現代禪出版社。

49. 李世瑜《現在華北秘密宗教》「吳澤霖序」，古亭書屋發行。

50. 李果榮《心靈妙法》，1997 年 5 月，大村文化出版事業有限公司。

51. 李果榮《時輪妙法》，1997 年 8 月，大村文化。

52. 李振明《修密基本問答》，民國 86 年，諾那華藏精舍印行。

53. 劉仲宇《道教法術》，2002 年 1 月，上海文化出版社。

54. 李錦旺《啓發潛能與智慧》，民國 82 年禪門佛教文化中心。

55. 杜而未《儒佛道信仰研究》「附錄——拜拜種種」，民國 72 年，臺灣學生書局，頁 167。

56. 杜潔祥等《明復法師佛學文叢》四冊，民國 95 年 9 月，覺風佛教藝術。

57. 邢福泉《臺灣的佛教與佛寺》，民國 70 年 5 月，臺灣商務印書館。

58. 來靜《龍門丹訣》，民國 92 年 1 月，丹道文化出版事業有限公司。

59. 周一中《佛學研究》，民國 66 年 3 月，東大圖書公司。

60. 周慶華《後佛學》，民國 93 年 4 月，里仁書局。

61. 栂尾祥雲著、李世傑譯《密教史》，民國 58 年，中國佛教雜誌社。

62. 林本炫編譯《臺灣的政教衝突》，民國 79 年 8 月，稻香出版社。

63. 林本炫編譯《宗教與社會變遷》，民國 82 年 11 月，巨流圖書公司出版。

64. 林美田《禪的火花》，民國 85 年 8 月，行善雜誌社。

65. 林美珠等《宗教行政革新手冊》，2003 年 6 月，內政部宗教輔導科。

66. 林美珠等編輯《宗教論述專輯第五輯新興宗教》，民國 92 年 11 月，內政部出版。

67. 林國雄主編《論道》，民國 89 年 8 月，中國慈惠弘道會暨慈惠堂輯。

68. 邱陵《藏密大圓滿心髓探奧》，民國 84 年 3 月，新智出版社。

69. 金澤《中國民間信仰》，1995 年，浙江杭州教育出版社。

70. 侯杰《中國民眾宗教意識》，1994 年，天津人民出版社。

71. 南懷瑾《觀音菩薩與觀音法門》，民國 74 年 11 月，老古文化。

72. 姜義鎮《臺灣的民間信仰》序，1994 年 2 月，武陵出版公司。

73. 姚周輝《神秘的幻術》，1993 年 4 月，廣西人民出版社。

74. 派翠克‧潘著《35 歲前要做的 33 件事》，2006 年 1 月，臺北易富文化。

75. 苦海還願人《如何解脫人生的種種痛苦》，2000 年 7 月，維摩詰居士弘法會。

76. 飛雲居士編著《臺灣民間信仰》，民國 82 年 4 月，益群書店。

77. 唐經武《仙道靜坐經》，全林文化事業有限公司。

78. 徐明珠《林衡道談俚諺》，民國 85 年 3 月 1 日，中國國民黨文化工作會中央月刊。

79. 徐明達等譯、荒天金倫著《禪僧與癌共生》，民國 86 年 3 月，三民書局。

80. 232. 黃盛璘《走進園藝治療的世界》，2007 年 6 月，臺北心靈工作坊文化。

81. 索甲仁波切著、鄭振煌譯《西藏生死書》，民國 85 年 11 月，張老師文化事業。

82. 耕雲《安祥禪》，1995 年 9 月，中華禪學雜誌社。

83. 《白聖長老圓寂三周年紀念論文集》，民國 81 年 3 月，能仁家商董事會。

84. 貢噶旺秋仁波切《修心七要》，2000 年，佛香書苑文教基金會。

85. 馬凌諾斯基著、朱岑樓譯《巫術、科學與宗教》，協志工業叢書（社會）108。

86. 高希均《新臺灣人之路》，1998 年 12 月，天下文化。

87. 國家宗教事務局宗教研究中心《國外宗教法規匯編》，2002 年 3 月，宗教文化出版社。

88. 張家森《仙道太極內丹術秘笈》，2004 年 4 月 30 日，宜蘭冬山鄉。

89. 張曼濤主編《佛教與政治》，民國 68 年 3 月，大乘文化出版社。

90. 赫士唐・史密斯著、舒吉譯《人類的宗教——佛學篇》，民國 58 年 5 月，美國佛教會。

91. 淨松居士《因果報應實證》，民國 87 年 8 月，淨土善書流通處。

92. 盛用宗興著、郭敏俊譯《無生死之道》，民國 85 年 10 月，東大圖書公司。

93. 第三屆《宗教與學術研討會》，2002 年 12 月 31 日，眞理大學宗教系暨研究所。

94. 符芝瑛《傳燈——星雲大師傳》，民國 84 年 2 月 15 日，天下文化民。

95. 莊金鋒《海峽兩岸民間交流政策與法律》，1991 年 3 月，上海社會科學院。

96. 莊懷義等《展望二十一世紀》，民國 86 年 6 月，國立空中大學。

97. 許瓊月《密宗解夢》，民國 82 年 4 月 15 日，禪門佛教文物中心。

98. 許麗玲《巫路之歌——從學術殿堂走入靈性工作的自我剖析》，2003 年 9 月，自然風文化。

99. 郭禎祥《國際藝術教育學刊》第二卷第二期，民國 93 年 9 月，國立臺灣藝術教育館。

100. 陳文元等《禪思維與管理藝術》第二集「禪思維——情感與眞實」篇，民國 88 年 11 月，前程企管。

101. 陳永革《佛教弘化的現代轉型》，2003 年 10 月，北京宗教文化出版社。

102. 陳坤寶《無極天靈修道法第二冊》，2004 年，嘉義竹崎無極聖苑。

103. 陳建明《證悟觀世音菩薩的法訣》，民國 75 年 10 月，觀自在精舍。

104. 陳浩望《佛學泰斗陳健民》，民國 87 年 11 月，宗教文化。

105. 陳啓章《大陸宗教政策與法規之探討》，民國 82 年 6 月，行政院大陸委員會。

106. 陳清香主編《佛教藝術》創刊號，民國 75 年 5 月 16 日，佛教藝術雜誌社。

107. 陳湘《靜坐教學對景文技術學院適應體育班身西障礙學生壓力因應與自我概念之研究》，民國 91 年 2 月，宏態出版社。

108. 陳藝勻《臺灣童乩的社會形象與自我認同》，2003 年，輔仁大學宗教學系碩士論文。

109. 陸仲偉《一貫道內幕》，1998 年 9 月，江蘇人民出版社。

110. 頂果欽哲法王著、劉婉俐譯《唵嘛呢貝美吽——證悟者的心要寶藏》，2004年，橡樹林文化。

111. 傅偉勳主編《從傳統到現代——佛教倫理學與現代社會》，民國79年10月，東大圖書公司。

112. 富育光《薩滿論》，2000年9月，遼寧人民出版社。

113. 斐傑斯著，牟中原、渠仲賢譯《理性之夢》，1991年10月，天下文化。

114. 森岡龜芳著、古松譯《生活禪》，1988年9月，新潮社文化事業有限公司。

115. 無垢子《心經註釋》，臺北板橋三揚印刷企業。

116. 黃光國《民粹亡台論》，1996年3月，商周文化。

117. 黃念祖《心聲錄》，民國88年7月，佛陀教育基金會。

118. 黃晨淳編著《媽祖的故事》，2005年5月15日，好讀出版有限公司。

119. 黃維忠《藏傳佛教大趨勢》，民國91年7月，大千出版社。

120. 黃慶生《寺廟經營與管理》，民國91年5月，永然文化。

121. 黃懷遠、黃明芳編著《神明會實務與法令廣輯》，民國85年12月，大江出版社。

122. 圓香（劉國香筆名）主編《道安長老紀念集》，民國67年1月，臺北松山寺。

123. 楊惠南《佛教思想新論》，民國79年10月，東大圖書公司。

124. 楊惠南《當代佛教思想展望》，2006年5月，東大圖書公司。

125. 楊惠南《當代學人談佛教》，民國79年10月，東大圖書公司。

126. 楊贊儒《禪定與氣功》，民國82年6月15日，臺中聖德雜誌社。

127. 葉小文《把中國宗教的真實情況告訴美國人民》，1999年3月，宗教文化版社。

128. 貫亦棣《藝文漫談》，2003年12月，明新科技大學。

129. 達賴喇嘛著、黃書婷譯《轉化心境》，民國90年4月，都會脈動文化事業有限公司。

130. 達賴喇嘛著、趙曉鳳譯《新覺醒》，2004年6月，春天出版國際文化有限公司。

131. 鈴木大拙著、李世傑譯《禪佛教入門》，民國73年2月，協志工業叢書（社會66）。

132. 窪德忠著、蕭坤華譯《道教諸神》，1996年10月，四川人民出版社。

133. 蓋國梁《節慶——民俗文化趣談》，2004年5月，萬里書店。

134. 赫士唐‧史密斯著、舒吉譯《人類的宗教——佛學篇》，民國58年5月，美國佛教會。

135. 趙芳仁《宗教信仰與文化復興（三）——基督教史實記要》，民國 68 年 3 月。

136. 趙樸初等《佛教與中國文化》，1988 年 10 月，國文天地雜誌社。

137. 劉建等主編《宗教問題探索——2001 年文集》，2002 年 7 月，宗教文化出版社。

138. 劉洙源《佛法要領》，民國 82 年，晨曦文化事業。

139. 劉國香《道安法師七十歲紀念論文集》，民國 65 年 11 月，獅子吼月刊社。

140. 蓮花生著、徐進夫譯《西藏度王經》，1995 年 8 月，北京宗教文化出版社。

141. 蔡瑞霖主編《國際佛學研究年刊》，1991 年 12 月，靈鷲山出版社。

142. 鄭石岩《無常——有效面對生活》，2003 年 2 月，遠流出版公司。

143. 鄭志明〈人性與安寧療護〉，2004 年，大元書局《宗教與民俗醫療學報》。

144. 鄭志明《臺灣民間宗教結社》，1998 年，嘉義南華管理學院。

145. 鄭志明《臺灣民間宗教論集》，民國 73 年，臺灣學生書局。

146. 鄭志明《臺灣的宗教與秘密教派》，1990 年，臺北臺原出版社。

147. 鄭志明《臺灣神明的由來》，200 年 1，臺北中華大道文化出版社。

148. 鄭志明《宗教與民俗醫療》，2004 年，臺北大元書局出版。

149. 鄭振煌主編《認識藏傳佛教》，民國 90 年 1 月，慧炬出版社。

150. 蕭平實《邪見與佛法——當今臺灣之邪見、外道及佛弟子應有之認識》，2004 年 11 月，佛教正覺同修會。

151. 蕭平實《無相念佛——大勢至菩薩念佛圓通法門之理論與入門》，民國 85 年，佛教正覺同修會。

152. 賴建成《吳越佛教之發展》「佛教之中國化」，民國 74 年 4 月，東吳大學。

153. 賴建成《晚唐暨五代禪宗的發展》，1994 年，文化大學史研所博士論文。

154. 賴建成等《藝術與生活美學》，民國 93 年 3 月，臺北華立圖書。

155. 賴賢宗《當代佛學與傳統佛學》，2006 年 5 月，新文豐出版公司。

156. 賴澤涵《臺灣社會、經濟與文化的變遷》，2005 年 8 月，中央大學。

157. 簡又新《意識、共識興環保》，民國 79 年 5 月 1 日，行政院環境保護署。

158. 簡明輝等《新莊大熱鬧——2001 年臺北縣宗教藝術節》，2001 年 12 月，臺北縣政府文化局。

159. 藍吉富主編《世界佛學名著譯叢》46，民國 74 年 8 月，華宇出版社。

160. 藍吉富編《當代中國人的佛學研究》，1993 年 12 月，商鼎文化。

161. 魏澤民主編《新世紀宗教研究——對話與轉變》，2006 年 6 月 25 日，宗博出版社。

162. 蘇邦圖《虛雲老和尚十難四十八奇》含法王學會答客問，1995 年 11 月，
臺北市法王學會。

163. 釋大寂《成佛必經之路》，民國 79 年 7 月，佛陀教育基金會。

164. 釋心源《指月集》，民國 69 年，東和禪寺印行。

165. 釋心道《神祕的心靈》，1995 年 3 月，靈鷲山般若文教基金會。

166. 釋白聖《學禪方便譚》。

167. 釋印順《妙雲選集》，民國 74 年 5 月，慧日講堂。

168. 釋妙蓮《念佛法樂知多少》，民國 89 年 9 月，臺灣靈巖山寺。

169. 釋宏印《宏印法師講演集》，民國 80 年 11 月，慈濟文化出版社。

170. 釋依空等《佛光山靈異錄》，199 年 7，佛光文化。

171. 釋明復《中國僧官制度研究》，民國 73 年 3 月，明文書局。

172. 釋明復《白公上人光壽錄》，民國 72 年，復美彩色印刷有限公司。

173. 釋明復《石濤原濟禪師行實考》，民國 76 年 12 月，新文豐出版公司。

174. 釋知義《初機學佛決疑》，民國 81 年 5 月，臺中淨願寺。

175. 釋星雲《世界顯密佛學會議實錄》，民國 77 年 9 月，高雄佛光出版社。

176. 釋星雲《迷悟之間》，2001 年 3 月，香海文化。

177. 釋悟明《仁恩夢存》，民國 75 年 8 月，樹林海明禪寺。

178. 釋惟覺《見性成佛》，民國 83 年 8 月，中台禪寺。

179. 釋淨空《地藏經的啟示》，民國 85 年 10 月，屏東阿西國工作站。

180. 釋淨空《草堂集》，民國 83 年 12 月，華藏佛教圖書館。

181. 釋淨空《菩賢大士行願的啟示》，2004 年 7 月，佛陀教育基金會。

182. 釋惠空《第二屆兩岸禪學研討會專題討論大綱——自力與他力之融合》、
《第二屆兩岸禪學研討會論文集——念佛與禪》，1999 年 10 月，慈光禪
學研究所。

183. 釋傳助印行《觀世音靈感錄三篇》，民國 82 年 3 月，和裕出版社。

184. 釋聖嚴《正信的佛教》，民國 81 年 9 月，臺灣英文雜誌社。

185. 釋聖嚴《禪門修證指要》，1980 年，臺北東初出版社。

186. 釋聖嚴等《心的對話》，2000 年 7 月，法鼓山佛教基金會。

187. 釋聖嚴等《漢藏佛學同異答問》，2001 年 4 月，法鼓文化。

188. 釋演培《六祖壇經講記》，民國 83 年 6 月，佛陀教育基金會。

189. 釋滿果《普門學報》，2006 年 5、7、9、11 月，佛光山文教基金會。

190. 釋慧律編撰《佛心佛語》，民國 79 年 10 月，派色文化。

191. 釋賢頓《妙法蓮花觀世音菩薩普門品講記》，民國 81 年 5 月，板橋彌陀

精舍。

192. 釋曉雲《第三屆禪與管理學術研討會論文集——藉由禪學的精進培育管理的智慧》，民國 88 年 5 月，華梵大學工業管理學系暨研究所。

193. 釋證嚴《靜思語》第一集，2002 年 9 月，慈濟文化出版社。

194. 賴建成《臺灣民間信仰、神壇與佛教發展之省思》，2006 年 12 月，東大圖書。

195. 釋覺光編《達賴喇嘛來臺弘法行——1997 紀念專輯》，1998 年 3 月，中國佛教會。

196. 闞正宗《臺灣佛寺的信仰與文化》，2004 年 10 月，博揚文化。

197. 闞正宗《重讀臺灣佛教——戰後臺灣佛教續編》，民國 93 年 4 月，大千出版社。

198. 闞正宗《臺灣高僧傳》，1996 年 1 月，菩提長青出版社。

199. 楊國連等主編《臺灣佛寺導遊》〈二〉，民國 84 年 4 月，菩提長青雜誌社。

200. 龔鵬程《龔鵬程四十自述》，1996 年 9 月，金楓出版社初版。

201. 龔鵬程主編《國際佛學譯粹》第一輯，1991 年 6 月，靈鷲山出版社。

202. 靈鷲山般若文教基金會國際佛學研究中心主編《兩岸宗教現況與展望》，民國 81 年 10 月，臺灣學生書局。

203. 達賴喇嘛著、楊書婷等譯《心與夢解析》，2008 年 9 月，大是文化。

204. 丹尼爾·高曼主編、李孟浩譯《情緒療癒》，民國 95 年 9 月，立緒文化。

205. 賴傳鑑《佛像藝術》，民國 69 年 8 月，藝術家出版社。

206. 王壽鑲《水墨歲月——王壽鑲》，1997 年 5 月，藝風堂。

207. 毛惕園《觀音靈感錄續編》，1976 年，臺灣印經處出版。

208. 釋煮雲《南海普陀山傳錄》，1994 年，臺中普願寺印經會。

209. 拉瑞·多賽著、麥慧芬譯《心風潮》，1997 年 1 月，臺北智庫。

210. 溪淞的《三十三堂札記》，民國 80 年 1 月，雄獅圖書。

211. 釋星雲《佛教對民間信仰的看法》，2008 年 12 月，香海文化。

212. 陳慧劍《證嚴法師的慈濟世界》，民國 77 年 12 月 1 日，花蓮佛教慈善基金會。

213. 釋妙蓮《法海釋疑》，民國 85 年 10 月，靈巖山寺。

214. 許景量《平常心是道》，1998 年 7 月，禪門佛教文化。

215. 席德進《臺灣民間藝術》，民國 78 年 4 月，雄獅圖書。

216. 《金門未來發展與前途座談會實錄》，民國 82 年 10 月，金門縣臨時縣議會。

217. 達賴喇嘛著、江支地譯《生命之不可思議》，民國 88 年 11 月，立緒文化。

218. 陳輝明〈臺灣四十年的宗教政策〉，1988 年，臺北中華福音神學院道生碩士論文。

219. 考門夫人著、王義雄主編《荒漠甘泉》，1996 年 7 月，永望出版社。

210. 劉華明編譯《坐禪的科學》，民國 4 年 8 月，臺北成春樹書坊。

211. 袁庭棟《周易初階》，1991 年 6 月，巴蜀書社。

212. 周中一《禪話》，民國 90 年 4 月初版第 5 刷，東大圖書公司。

213. 肯恩・戴特沃德著、邱溫譯《身心合一》，1998 年 9 月，生命潛能文化。

214. 張默生《老子的人生大智慧》，民國 91 年 10 月，旭昇圖書。

215. 蔡生《道德經白話註解》，2003 年 2 月 15 日，香港道教聯合會。

216. 釋印順《中國禪宗史》，民國 60 年 6 月，臺灣廣益印書局。

217. 李淼編著《中國禪宗大全》，民國 83 年 5 月，臺灣麗文文化。

218. 賴永海《佛道詩禪──中國佛教文化論》，1990 年 10 月，北京中國青年出版社。

219. 何啓民《魏晉思想》，民國 71 年 1 月，臺灣學生書局。

220. 鄭石岩《禪・生命的微笑》，1996 年 7 月，遠流出版事業。

221. 蕭全政編著《政治與經濟的整合》，1994 年 10 月，桂冠圖書。

222. 約翰・麥米蘭著、羅耀譯《新競爭時代》，2002 年 10 月，臺北時報文化。

223. 鄭石岩《悟・看出希望來》，民國 82 年 7 月，遠流出版社。

224. 達賴喇嘛著、曹小容譯《點亮心靈之光》，民國 86 年 3 月，聯經出版社。

225. 達賴喇嘛與霍華德・卡特勒著、朱衣譯《工作更快樂》，2006 年 7 月，時報文化。

226. 劉易齋《看見生命文化──生命、人文與博雅》，民國 98 年 2 月，全威圖書。

227. 中國企業管理研究會企業管理編寫組《企業管理導論》，2002 年 10 月，北京經濟科學出版社。

228. 李岳牧《當代中國談判模式研究》，2007 年 12 月，珠海大學歷史研究所博士論文。

229. 《2008 全人教育論壇論文集》，2008 年 12 月，景文科技大學識教育中心。

230. 《2009 品格教育研討會論文集》，民國 98 年 5 月，致理技術學院通識教育中心。

231. 肯恩・戴特沃德著、邱溫譯《身心合一》，1998 年 9 月，生命潛能文化。

232. 克利弗德・紀爾茲著、楊德睿譯《地方知識──詮釋人類學論文集》，2002 年 8 月，臺北麥田出版社。

233. 黃寬重、柳立言《中國社會史》，民國 88 年 8 月，國立空中大學。

234. 楊知勇《宗教、神話、民俗》，1992 年，四川大學出版社。

235. 黃連忠《禪宗公案體相用思想之研究》，2002 年 9 月，臺灣學生書局。

236. 吳堯峰《宗教法規十講》，民國 81 年 8 月，佛光出版社。

237. 《世界顯密佛學會議實錄》，民國 77 年 9 月，佛光出版社。

238. 陳耀庭《道教禮儀》，2003 年 12 月，北京宗教文化出版社。

239. 中國口傳文學學會、南亞技術學院主編《2002 海峽兩岸民間文學學術研討會論文選》，民國 91 年 12 月，臺北新店。

240. 黃維忠《藏傳佛教大趨勢》，民國 91 年 7 月，臺北大千出版社。

三、期刊論文

1. 〈臺灣佛教的傳統與現代〉，《人生雜誌》第 182 期編輯室。

2. 〈兩岸佛教交流〉，《圓光新誌》88 年 1 月 43 期，頁 56～68。

3. 〈兩岸佛教觀念交流——大陸法師學者蒞臨圓光參訪〉，《圓光新誌》88 年 1 月 34 期。

4. 〈宗教、人文、管理學術研討會論文集〉，民國 93 年 5 月 26 日，景文技術學院。

5. 〈請全民念佛持咒一齊為臺灣祈福〉，民國 89 年 4 月，《華藏世界》第 37 期，頁 90～93。

6. 〈學術會議專題——首屆兩岸禪學研討會特刊系列 2〉，《佛藏》第 11 期，頁 29。

7. 《中央月刊》「廟宇文化」連載徐明珠文章，民國 83 年 2 月～84 年 9 月。

8. 《佛教文摘》季刊第 70 期〈佛教對死亡的看法〉，1992 年 12 月，馬佛青總會。

9. 《佛教史與佛教藝術》會前論文集（二），民國 95 年 5 月 13～14 日，臺北大學。

10. 丁敏〈煮雲法師的佛教經驗與佛教事業—1949 年大陸來臺青年僧侶個案研究〉，1999 年 7 月，中華佛學學報第 12 期，頁 275～302。

11. 王博謙〈修行人應當修淨土〉，民國 82 年，佛陀教育基金會印行《學佛淺說》，頁 35～36。

12. 王雷泉〈致江燦騰先生書——兼論大陸佛教研究現況〉，民國 83 年 4 月，淨心文教基金會江燦騰《現代中國佛教史新論》，頁 333～339。

13. 王震武〈佛教徒教育人士的授業與傳道〉，1991 年 11 月，〈菩提樹雜誌〉第 468 期。

14. Jondan Paper 著、賴建成譯〈薩滿信仰與神秘經驗〉，民國 4 年 1～3 月，

《獅子吼》第 24 卷 1、2、3 期。

15. 江燦騰〈日據時期臺灣知識份子的自覺與佛教的創新〉，民國 82 年 11 月，
華嚴蓮社《大專學生佛學論文集》，頁 535～568。

16. 何健明〈中國近代佛教史上的激進與保守下〉，2005 年 1 月，《普門學報》
第 25 期，頁 209～243。

17. 呂一中〈會靈山運動興起及其對民間宗教的影響〉，2001 年，《臺灣宗教
學會通訊》7 期，頁 88～98。

18. 李崇信〈宗教醫療之法律問題研究〉，《第三屆信仰與儀式學術研討會》，
頁 32。

19. 李崇信〈宗教醫療之法律問題研究──以醫事法的規範爲主〉，2005 年
大元書局《宗教與民俗醫療學報》，頁 67～114。

20. 李崇信〈神壇的社會功能與律問題研究〉，2004 年，內政部《宗教論述
專輯第六輯》，頁 319～374。

21. 李崇信〈現代社會神蹟的法律問題研究〉，頁 36，《第二屆信仰與儀式學
術研討會》第三場次。

22. 明智居士〈近代中國佛教〉，民國 80 年 9 月 1 日，《現代佛教》第 124 期，
頁 25。

23. 林本炫〈民主政治爲解決政教衝途之根本途徑〉，民國 79 年 8 月，稻香
出版社印行《臺灣的政教衝途》，頁 137。

24. 林本炫〈宗教立法應審慎爲之〉，《國家政策季刊》第 6 期。

25. 洪正雄（明復法師筆名）〈當世因果親歷記──石濤上人〉，《獅子吼》第
24 卷第 6 期，頁 65。

26. 范明煥〈渡臺悲歌──客家人媽祖信仰的東傳〉，民國 91 年 6 月，《明新
通識學報》創刊號，頁 59～66。

27. 徐明珠〈上廟求籤說籤詩〉，民國 83 年 6 月，《中央月刊》，頁 111。

28. 徐明珠〈臺灣節俗的傳薪與創新〉，民國 83 年 3 月，《中央月刊》，頁 12。

29. 徐明珠〈從廟宇文化開創文化奇蹟〉，民國 83 年 2 月。中央月刊，頁 7。

30. 徐明珠〈臺灣節俗的傳薪與創新〉，民國 83 年 3 月，《中央月刊》，頁 9。

31. 貢噶老人〈敬輓文〉，《道安長老紀念集》，頁 297。

32. 郝鐵川〈中國間信仰研究──引子〉，2003 年 7 月，上海古籍出版社。

33. 高源流〈尊重死者連小學生都懂〉，聯合報 7 版。

34. 張曼濤主編《佛教藝術論集》，民國 81 年 2 月 28 日，民國 67 年 2 月大
乘文化出版社。

35. 張耀輝〈佛教在西方世界發展的契機與展望研究〉，民國 92 年 12 月 24
日，正修科技大學《通識教育學術研討會論文集》，頁 201～210。

36. 莊吉發〈薩滿信仰的社會功能〉，民國 3 年 4 月，政大《國際中國邊疆學術會議》。

37. 陳文元〈禪修中持咒練氣的功德——密法的行持與自我管理〉，民國 94 年 3 月，眞佛宗《2004 臺灣密宗學術研討會論文集》，頁 131。

38. 陳振崑〈唐君毅的宗教融合思想〉，民國 95 年 7 月，《華梵人文學報》第 7 期民，頁 1～39。

39. 智敏慧華〈一念蓮花開示與生命關懷檢討紀要〉，民國 90 年 1 月，《華藏世界》第 38 期，頁 6～20、36～67。

40. 善慧書苑〈明復法師帶來佛教藝術雜誌復刊消息〉，1991 年 3 月 13 日上午條下。

41. 黃勝興〈從人性尊嚴的法理談生命的關懷〉，民國 92 年 12 月，《國立嘉義大學通識教育集刊》第 1 集，頁 111～146。

42. 黃運喜〈中國近代佛教史研究題目發掘與試擬〉，《獅子吼》第 30 卷第 10～12 期。

43. 圓香（劉國香筆名）〈末世難爲菩薩〉，《道安長老紀念集》，頁 247～248。

44. 劉易齋〈儒佛兩家生命管理義諦的淑世意涵〉，萬能通識中心《通識論叢》第 1 期，頁 89～132。

45. 樂晴（徐明珠筆名）〈人們心事憑何寄、燃香進入神世界〉，民國 83 年 7 月，《中央月刊》，頁 99～104。

46. 樂晴〈有請三官大帝敢問何石地震〉，民國 84 年 6 月，《中央月刊》，頁 76～79。

47. 樂晴〈談傳統民俗技藝陣頭〉，民國 83 年 9 月，《中央月刊》，頁 91～96。

48. 鄭志明〈臺灣靈乩的宗教型態〉，2004 年，大元書局《宗教與民俗醫療學報》。

49. 鄭志明〈藏傳佛教對本土文化的影響〉，2004 年 12 月 12 日，現代佛教學會《陳健明百歲冥誕紀念與漢藏佛教交流研討會論文集》。

50. 黎淑慧〈生與死之人文省思〉，民國 95 年 4 月 26 日，明新科技大學通識教育部《人文藝術與通識教育學術研討會論文集》，頁 85～96。

51. 蕭富元〈新心結——解讀臺灣宗教熱、金動萬教、當人遇到神〉，1995 年 4 月，《遠見雜誌》106 期，頁 32～54。

52. 賴建成〈中共的宗教理論與政策〉，《獅子吼》第 24 卷第 5 期，頁 26～29。

53. 賴建成〈佛制與唐律令對佛教徒的約制力——以毀謗三寶及盜毀三寶物爲例〉，民國 75 年 7 月 12 日，《中國歷史學會史學集刊》第 19 期，頁 135～146。

54. 賴建成〈當前社會現象與佛教教育的考察〉1〜5，民國 81 年 8 月 15 日〜82 年 1 月 15 日，《獅子吼月刊》第 31 卷第 8〜12 期、第 32 卷第 1 期。

55. 賴建成〈與明復上人編雜誌感言〉，民國 88 年 11 月 25 日，景文技術學院教師氣功學社《禪思維與禪意境的意趣》，頁 24。

56. 賴建成〈樂見野生動物保育法早日頒行〉，民國 74 年 6 月 15 日，《獅子吼》第 24 卷第 6 期。

57. 藍吉富《試論佛教與印度教的種姓倫理觀》，民國 93 年 12 月，《圓光佛學學報》第 9 期，頁 1〜24。

58. 釋太虛〈菩薩學處〉，海潮音 28 卷第 9 期。

59. 釋如悟〈一心〉，民國 88 年 1 月，《圓光新誌》43 期，頁 1。

60. 釋如悟〈我對僧教育的一些看法〉，《佛藏》第 13 期，頁 2〜5。

61. 釋成一〈道安法師的十大德行〉，民國 67 年 1 月 1 日，《道安長老紀念集》，頁 13〜16。

62. 釋宏印〈佛學院僧教育之禪修課題〉，《佛藏》第 13 期「僧伽禪修教育專題」，頁 10。

63. 釋明復〈中國佛教寺院制度的演變及其前途〉，《明復法師佛學文叢》第一冊，，頁 25〜26。

64. 釋明復〈宗教禮俗業務作法的研討〉，《明復法師佛學文叢》第一冊，頁 61。

65. 釋明復〈中國佛教史學會創辦始末〉，《明復法師佛學文叢》，頁 151〜204。

66. 釋明復〈中國僧官制度研究〉，《獅子吼雜誌》第 24 卷第 7 期，頁 39。

67. 釋明復〈佛學譯粹發刊詞〉，民國 75 年 5 月 16 日，《佛學譯粹》第 1 卷第 1 期。

68. 釋明復〈社論——期待商討的構想〉，《獅子吼月刊》第 24 卷第 8 期。

69. 釋明復〈道老談佛教教育〉，2006 年 9 月，覺風藝術《明復法師佛學文叢》第 1 冊，，頁 95〜96。

70. 釋明復〈道老談佛教教育〉，《道安長老紀念集》，頁 30〜31。

71. 釋法振〈遙寄常寂光中的安公和尚〉，《道安長老紀念集》，頁 27。

72. 釋法雲〈雲水僧行〉，《僧伽》第 8 卷第 1 期，，頁 63。

73. 釋南亭〈悼道公長老圓寂一周年紀念——為出家人辦在家學校者進一言〉，民國 67 年 1 月 1 日，《道安長老紀念集》。

74. 釋真華〈成敗不計公算教內第一人〉，民國 67 年 1 月 1 日，《道安長老紀念集》。

75. 釋惠空〈中國佛教之命脈——禪觀教育〉，《佛藏》，第 13 期，頁 7〜11。

76. 釋聖嚴〈可靠的修行方法〉，2003 年 4 月 1 日，《法鼓雜誌》「耕心成長」

　　5。

77. 釋寬謙〈刊頭語〉，民國 88 年 4 月 1 日，《覺刊季刊》26 期，頁 2。

78. 釋寬謙〈臨終關懷‧生死大事〉，《覺風季刊》24 期，頁 37。

79. 釋濟群〈兩岸佛教觀念交流〉，《圓光新誌》43 期，頁 57～58。

80. 瞿海源〈臺灣與中國大陸宗教變遷的比較研究〉，民國 82 年 11 月巨流圖書，林本炫編譯《宗教與社會變遷》。

81. 見蔡銘津〈少子化趨勢對教育體系的衝擊與因應〉，民國 97 年 10 月，《教育與發展》第 25 卷第 5 期。

82. 于宗先〈臺灣的經濟何去何從——從歷史角度論政策選擇〉，2009 年 10 月 23 日，中興大學應用經濟系。

83. 孔祥明〈臺灣家庭社會學研究的回顧與展望〉，2006 年，《臺灣社會學年會會議》。

84. 彭素玲等〈人口年齡結構、所得分配與產業結構轉型對臺灣民間消費與總體產出之影響〉，2009 年，中央研究院經濟研究所《臺灣經濟研究與預測》第 39 卷第 2 期，頁 51～101。

85. 林衡道〈獅頭山附近各鄉民間信仰調察〉，1962 年，《臺灣文獻》第 13 卷第 3 期。

86. 劉枝萬〈清代臺灣之寺院〉，1963，臺北文獻第 6 期。

87. 王淳隆〈當代居士修行社區初探〉，1998 年，《佛教建築會議實錄暨論文集》。

88. 李世偉〈戰後臺灣觀音感應錄的製作與內容〉，2004 年 12 月，《成大宗教與文化學報》第 4 期。

89. 林福春〈論觀音形相之遞變〉，1994 年，《宜蘭農工學報》第 8 期。

90. 藍吉富〈臺灣佛教之歷史發展的宏觀式考察〉，1999 年 7 月，《中華佛學學報》第 12 期。

91. 釋昭慧等〈當代臺灣的榮景與隱憂〉，2003 年 2 月 7 日，《弘誓》。

91. 沈介文、徐木蘭〈禪式服務品質管理之初探〉，民國 84 年，華梵人文科技學院《第一屆禪與管理研討會論文集》。

92. 李霞〈從道家之道到禪宗之心〉，民國 89 年 8 月，中國慈惠弘道會出版《論道》。

93. 賴建成〈唐宋之際禪門行法的特質〉，民國 83 年 5 月，景文技術學院宗教、人文、管理學術研討會。

94. 潘朝陽〈整全生機論自然宇宙觀：人與自然和諧的環境倫理——以《聖經‧創世紀》為主的詮釋〉，民國 94 年 5 月，《地理研究》第 42 期。

95. 李岳牧、吳世英〈臺灣主權與定位初探〉，2009 年 6 月 6 日，景文科技

大學通識教育中心第二屆「傳統學術與當代人文精神」研討會論文集。

96. 鄧振源〈管理之禪釋〉，禪與管理結合應用之省思〉，民國 84 年，華梵人文科技學院《第一屆禪與管理研討會》。

97. 鄧振源〈禪與管理結合應用之省思〉，民國 86 年 5 月，華梵人文科技學院《第二屆禪與管理研討會》。

98. 吳成豐〈中國佛教思想中企業倫理觀之研究〉，民國 86 年 5 月，華梵人文科技學院《第二屆禪與管理研討會》。

99. 王本正、林錫彬〈禪式管理的現代化──中學為體西學為用〉，民國 86 年 5 月，華梵人文科技學院《第二屆禪與管理研討會》

100. 謝錦祥〈禪修佛法培育管理能力〉，民國 88 年 5 月，華梵人文科技學院《第三屆禪與管理研討會》。

101. 洪慶福〈企業或機構推行禪學的經驗〉，民國 88 年 5 月，華梵人文科技學院《第三屆禪與管理研討會》。

102. 鄧振源〈禪修對工作倫理影響之研究〉，民國 88 年 5 月，華梵人文科技學院《第三屆禪與管理研討會》。

103. 呂雄〈易經研習對全人教育及生命教育的意義〉，民國 97 年 11 月，國立宜蘭大學《人文及管理學報》第 5 期，頁 111～174。

104. 吳世英〈老子的道與禪宗的心〉，民國 96 年 5 月，珠海大學歷史研究所道教史專題報告，未發表文。

105. 宋光宇〈天道鈎玄〉，1988 年，一貫道總會《一貫道簡介》。

106. 李崇信〈宗教醫療之法律問題研究──以醫事法的規範為主〉，民國 94 年 6 月大元書局《宗教與民俗醫療學報》，頁 67～114。

107. 〈無極先天內功〉，張運宗《循環論》，頁 43～46。

108. 釋南亭〈所希望於中國佛教會者〉，《南亭和尚全集》，頁 283～285。

109. 釋南亭〈六年來中國佛教會之成就〉，《南亭和尚全集》，頁 286～297。

110. 邢東風〈當代禪學熱現象研究──思想學術側面的考察〉，2006 年 9 月，佛光山文教基金會《普門學報》第 35 期，頁 283～321。

111. 釋印順〈我有一明珠一顆〉，民國 82 年 11 月，《獅子吼雜誌》第 32 卷第 11、12 期，頁 1～7。

112. 賴建成〈現代禪之我思我見〉，民國 88 年 11 月，景文教師氣功學社《禪思維與管理藝術》第 2 集，頁 112～117。

113. 溫宗堃〈佛教禪修與身心醫學──正念修行的療癒力量〉，2006 年 5 月，佛光山文教基金會《普門學報》第 33 期，頁 9～49。

114. 鄭志明〈藏傳佛教在臺灣發展的現況與省思〉，2005 年 11 月，佛光山文教基金會《普門學報》第 30 期，頁 91～126。

115. 釋星雲〈化世與益人〉，2006 年 11 月，佛光山文教基金會《普門學報》第 36 期，頁 1～16。

116. 朱迪絲‧金森著、心毓等譯〈從西方歷史、後現代主義與佛教觀點探討意識（上）〉，2006 年 5 月，佛光山文教基金會《普門學報》第 33 期，頁 11～36。

117. 江燦騰〈解嚴後的臺灣佛教與政治〉，1995 年 7 月《佛教與中國文化國際學術會議論文集中輯》，頁 514。

118. 釋明復〈識得來時路——中國古人的生活禪趣〉，民國 74 年 6 月，《國文天地》第 7 卷第 2 期，頁 21～24。

119. 趙崑秀〈從茶道到身心靈的道場〉，2009 年 9 月，覺風佛教藝術文化基金會《覺風季刊》第 45 期，頁 18～19。

四、書刊雜誌報導

1. 〈化解宗教與世俗對立〉，民國 85 年 9 月 16 日，中國時報 7「社會脈動」。

2. 〈2006 年師父新春文告〉，2006 年 1、2 月合刊，《有緣人》第 135 期 4「生命教育」。

3. 〈天外懷高僧——寄語惟覺法師〉，民國 85 年 10 月 3 日，《自由時報》。

4 〈在災難中持續提供安定人心的力量——奉獻中實踐佛法、體會心安就平安〉，2004 年 12 月 1 日，《法鼓雜誌》「慈基會特刊」。

5. 〈好江山不值得好後進〉，民國 81 年 1 月 4 日，《自立晚報》「本土副刊」。

6. 〈法鼓人文講座〉，2004 年 12 月 1 日，《法鼓雜誌》「要聞」。

7. 〈法鼓山獲頒從事兩岸文教交流績優獎團體〉，2004 年 12 月 1 日，《法鼓雜誌》「要聞」。

8. 〈師父對僧團講法鼓山所弘傳的禪佛教〉，2004 年 12 月 1 日，《法鼓雜誌》「要聞」。

9. 〈特別報導——感恩年會〉，2003 年 4 月 1 日，《法鼓雜誌》。

10. 〈張家森：內丹術講心法有口訣〉，民國 93 年 5 月 8 日，《中國時報》「兩岸三地新聞」A13。

11. 〈教訊——曉雲法師榮獲文化獎〉，《海潮音》第 79 卷第 1 期，頁 34。

12. 〈尊重致祥和〉，2006 年 10 月 25 日，《慈濟月刊》第 479 期，頁 1。

13. 〈焦點報導〉，2003 年 4 月 1 日，《法鼓山雜誌》。

14. 〈焦點報導〉，2002 年 11 月 1 日，《法鼓雜誌》。

15. 〈隋唐第一流人才在佛門、二十一世紀也是〉，2003 年 4 月 1 日，法鼓雜誌。

16. 〈當代人物〉，民國 90 年 6 月 5 日，《中央日報》「副刊」。

17. 〈當代人物〉，民國 81 年 2 月 11 日，《中國時報》第 7 版。

18. 〈當代人物〉，民國 85 年 9 月 16 日，《中國時報》「副刊」。

19. 王蜀桂在〈宗教可以救社會〉，民國 81 年 1 月 20 日，中國時報。

20. Anita Bartholomew〈雖死猶生——從科學角度看人類靈魂〉，2004 年 9 月，《讀者文摘》。

21. 江祥羚〈中西神秘寶典世紀大預言〉，2004 年 12 月 17～23 日，《獨家報導》第 853 期，頁 18～22。

22. 81 年 1 月 5 日，《自立晚報》「本土副刊」。

23. 吳枝開〈禪畫與抽象畫的差異及其意義〉，禪資訊站「禪學論壇」。

24. 吳鈴嬌〈博士和尚聖嚴法師的深情大願——提高人心品質建設人間淨土〉，民國 81 年 1 月 11 日，《中國時報》第 39 版。

25. 宋聲華〈修學密教之淺言〉，民國 82 年，禪門佛教《啓發潛能與智慧》，頁 47。

26. 李小芬〈挫魚報導〉，民國 81 年 2 月 11 日，《中國時報》7 版。

27. 李斐鴻〈辦教育的人要承認教育有所不足‧李震神父接任浦大校長將以反省認知的情神從事教育工作〉，民國 81 年 2 月 21 日，《中國時報》第 27 版。

28. 李懋華〈僧伽醫療之資源整合〉，民國 88 年 4 月 5 日，《僧伽醫護》第 1 期創刊號，頁 10～11。

29. 林俊義〈有什麼樣的政府才會有什麼樣的人民〉，民國 81 年 3 月 11 日，《自立晚報》第 3 版。

30. 林美娜〈利他哲學裡蘊藏人性溫暖的陽光‧終身義工孫越談生命轉變的心路歷程〉，[民國 81 年 1 月 27 日 1，《自立晚報》第 5 版。

31. 林家群〈一個不是出家人一個是社會問題〉，民國 87 年 5 月 13 日，《中國時報》「社會新聞」。

32. 邱家宜〈光的信徒～在紅塵裡建構者巴哈伊教簡介〉，民國 81 年 1 月 4 日，自立晚報第 13 版。

33. 雨潔〈以溫情與敬意對待歷史——由發現臺灣說起〉，民國 81 年 2 月 16 日，《自立晚報》第 5 版。

34. 施並錫〈時來運會轉的臺灣現代藝術〉，民國 81 年 1 月 26 日，《自立晚報》第 19 版。

35. 星雲法師〈談人生觀與感情世界——出家也是一種無盡的愛〉，民國 81 年 1 月 20 日，《自立晚報》第 13 版。

36. 張春華〈以出世心情入世、宗教問題攤開談〉，民國 85 年 9 月 16 日，《中

國時報》「社會脈動 7」。

37. 〈臺灣佛教的傳統與現代〉,《人生雜誌》第 182 期編輯室。

38. 〈張家森:内丹術講心法有口訣〉文,民國 93 年 5 月 8 日,《中國時報》「兩岸三地新聞」A13。

39. 張述芳〈國策會要擎起弘揚道教的大旗〉,民國 81 年 1 月 4 日,《自立晚報》第 13 版。

40. 許書婷在〈服務助人不嫌累、自娛娛人樂一生〉,民國 81 年 1 月 5 日,《中國時報》第 19 版。

41. 陳碧雲報導〈宗教亂象〉,民國 87 年 5 月 13 日,《中國時報》。

42. 登琨豔〈讓文化從做作開始〉,民國 81 年 1 月 3 日,《自立晚報》「本土副刊」。

43. 黃運喜在〈閒話平生〉,2003 年 9 月 16 日,《風城法音》電子報第 64 期。

44. 楊仁惠〈心靈環保全民博覽會〉,2003 年 4 月 1 日,「法鼓雜誌」。

45. 聖嚴法師〈可靠的修行方法〉,2003 年 4 月 1 日,《法鼓雜誌》「耕心成長」。

46. 廖威凌〈娑婆世界中的琉璃——證嚴法師人間行腳〉,民國 90 年 6 月 5 日,《中央日報》「副刊」。

47. 謝錦芳〈一場結合宗教與環保的心靈環保、淨化人心之大型園遊會〉,民國 81 年 2 月 17 日,《中國時報》第 13 版。

48. 謝瀛華醫師在〈做個高品質的現代人〉,民國 88 年 5 月 1 日,《自立晚報》。

49. 釋性瀅〈從佛法的修學談宗教境界〉,民國 87 年 11 月,《圓光新誌》42 期,頁 15～21。

50. 釋昭慧〈介紹印順導師〉,1999 年 4 月,《弘誓》38 期,頁 2～11。

51. 釋昭慧〈宗教真能超然於政治嗎?〉,民國 89 年 3 月 3 日《中國時報》「時論廣場」。

52. 王瑩〈走過死陰幽谷——以生命作畫的王壽蘐〉,1999 年 7 月,臺灣光華雜誌。

53. 李建興等〈消失中的臺灣人——人口危機你該如何因應〉,2010 年 3 月 1 日《今周刊》第 72 期,。

54. 黃啟明〈艋舺與龍山寺〉,1953 年,臺北文物第 2 卷第 1 期。

55. 李根源〈艋舺寺廟法〉,1953 年,臺北文物第 2 卷第 2 期。

56. 賴建成〈開女姓書畫風氣先驅的王壽蘐女士〉,2006 年 6 月 5 日,臺北縣新聞網。

57. 賴建成〈再訪一真女史王壽蘐名畫家〉,2006 年 6 月 21 日,臺北縣新聞網。

58. 賴建成〈三訪一真女史〉，2006 年 7 月 24 日，臺北縣新聞網。

59. 奚淞〈我就是一管筆〉， 2009 年 3 月 20 日，聯合副刊。

60. 〈繫鈴是北京解鈴亦在北京〉，民國 96 年 6 月 9 日，《聯合報》焦點 A2「社論」。

61. 《中國時報》，民國 99 年 5 月 10 日，「兩岸新聞」A12「專題報導」。

62. 《聯合報》，民國 99 年 6 月 9 日，「遠雄特刊」S2。

63. 《中國時報》81 年 3 月 16 日，「大陸新聞」。

64. 《自立晚報》，民國 81 年 1 月 4 日，第 13 版。

65. 〈認識限制臺灣僧伽人入境大陸的基因〉，民國 80 年 5 月 28 日，《民眾日報》「社論」。

66. 徐世華〈天主教、基督教廣向大陸傳福音」〉，民國 77 年 4 月 25 日，《民生日報》。

67. 北京 1980 年 5 月 30 日，中國天主教愛國會第三屆代表會議決議文。

68. 蔡文〈大陸探親尋根之旅〉，民國 80 年春季，《關係我》第 39 期。

69. 賴佩文〈浮光掠影看大陸道教〉，民國 80 年夏季，《關係我》第 40 期。

70. 李清東〈綜合討論發言紀要〉，民國 82 年 10 月，金門縣臨時縣縣議會《金門未來發展與前途座談會實錄》。

71. 婁靖平〈兩岸棒球開戰，周美青領軍？〉，民國 99 年 6 月 9 日，《聯合報》「運動」B4。

72. 羅浚濱竹縣報導〈兩岸和平發展論壇力挺 ECFA〉，民國 99 年 5 月，《中國時報》「兩岸新聞 A12」。

73. 〈兩岸禪茶樂對話活動在杭州舉行〉，2009 年 4 月 23 日，《中國臺灣網》資料來自《新華網》。

74. 〈兩岸人士在千年靈隱寺舉辦禪茶樂對話〉，2009 年 4 月 22 日，《中國臺灣網》資料來自《新華網》。

75. 林碧炤〈論談判〉，《問題與研究》第 31 卷第 10 期，1992 年 10 月臺北政治大學國際關係研究中心。

76. 湯斌〈兩岸單方追求統獨是做不到的〉，民國 99 年 3 月 21 日，中國時報 A13「兩岸新聞」。

77. 林邁可〈談判策略〉，《共黨問題研究》第 5 卷第 4 期，1979 年 4 月，臺北共黨問題研究中心。

78. 〈「讓利」長遠來看對兩岸都有利〉，民國 99 年 3 月 21 日，中國時報社論 A15「時論廣場」。

79. 〈ECFA 政策形成要避免財團染指〉，民國 99 年 5 月 2 日，聯合報焦點 A2「社論」。

60. 釋星雲〈化世與益人〉，民 2006 年 12 月，佛光山文教基金會《普門學報》第 36 卷，頁 1～16。

61. 莊慧秋〈揭開生命共通絡網——訪陳國鎮談身心靈整體健康〉，2000 年 1 月，《張老師月刊》第 265 期，頁 77～83。

62. 釋聖嚴〈臺灣佛學研究的紮根者——談周宣德居士〉，民國 97 年 10 月 15 日，《慧炬》第 532 期，頁 48～52。

63. 陳志銘整理〈印順法師開示〉，民國 81 年 12 月，新竹法源寺別苑《覺風季刊》第 26 期，頁 40～41。

64. 呂凱文講、陳志銘整理〈善生倫理學——邁向幸福人生的三步驟〉，民國 97 年 10 月 15 日，《慧鉅》第 532 期，頁 28～33。

65. 釋蓮海〈護國也要護教〉，民國 88 年 1 月 15 日，中華佛教護僧協會《護僧》第 14 期，頁 35～39。

66. 華嚴蓮社〈物歸原主——從資壽寺十八尊羅和頭談起〉，民國 88 年 4 月，臺北華嚴蓮社《萬行》第 171 期，頁 4～5。

67. 梅穎〈玄奘法師舍利護送團至本會參訪〉，民國 87 年 10 月，中華佛教護僧協會《護僧》第 13 期，頁 54～55。

68. 釋常開〈行看流水坐看雲〉，民國 87 年 6 月，臺中萬佛山《慈明》第 2 期，頁 24～27。

69. 釋法藏〈勉居士如法護持三寶〉，1999 年 1 月，臺南妙法雜誌社《妙法月刊》第 133 期，頁 36～40。

70. 黃菘修〈印順導師思想及臺灣佛教現代化〉，民國 88 年 4 月，中華民國佛教青年會《中佛青》第 43 期，頁 18～22。

71. 胡仁瀚在〈大愛不曾間斷〉，2006 年 10 月，臺北慈濟人文志業中心《慈濟》第 479 期，頁 98～100。

72. 釋證嚴講〈慈濟邁入 50 年輪——加強八印齊步邁向全球〉，2007 年 5 月，臺北慈濟人文志業中心《慈濟》第 486 期，頁 6～9。

73. 何日生〈期待紅溪變清流〉，2007 年 5 月，臺北慈濟人文志業中心《慈濟》第 486 期，頁 82～88。

74. 釋法藏在〈彌陀要解五重玄義講記（九）〉，民國 95 年 9 月，《圓光新誌》第 89 期，頁 42～61。

75. 釋證嚴主講〈精而純的生命品質〉，2006 年 10 月，臺北慈濟人文志業中心《慈濟》第 479 期，頁 6～9。

76. 梅影〈東大寺舉行玉佛安座典禮〉，民國 88 年 1 月 15 日，中華佛教護僧協會《護僧》第 14 期，頁 72～74。

77. 宗薩欽哲仁波切〈我的堪布——貢噶旺秋〉，民國 99 年 3 月，慧炬雜誌社《慧炬》第 549 期，頁 24～30。

78. 大寶法王鄔金欽列多傑著、堪布丹傑譯〈岡波巴四法（一）〉，民國98年
2月，慧炬雜誌社《慧炬》第535、536期合刊，頁12～19。

79. 高明道〈關懷、提昇、圓滿（一）〉，民國99年7月，慧炬雜誌社《慧炬》
第553、554合刊，頁34～41。